EVALUATING
AND SUPPORTING
EARLY CHILDHOOD
TEACHERS

幼儿园教师评价与支持

[美]安热勒·桑乔·帕塞 ◎著
（Angèle Sancho Passe）

（按姓氏笔画排序）

王暄	刘祎玮	刘睿文	安凤佳	孙蔷蔷
杜文莉	李柃霏	杨伟鹏	何淼	张艺
张昭	张静漪	胡恒波	姚聪瑞	贺暕琳
黄双	曹琛霞	提茗	霍力岩	冀晗

魏洪鑫 ◎译

教育科学出版社
·北京·

出 版 人　李　东
策划编辑　孙冬梅
责任编辑　孙冬梅
版式设计　宗沅书装　郝晓红
责任校对　翁婷婷
责任印制　叶小峰

图书在版编目（CIP）数据

幼儿园教师评价与支持 ／（美）安热勒·桑乔·帕塞
著；霍力岩等译 . — 北京：教育科学出版社，2020.8（2023.7重印）
书名原文：Evaluating and Supporting Early
Childhood Teachers
ISBN 978-7-5191-2261-4

Ⅰ.①幼… Ⅱ.①安… ②霍… Ⅲ.①幼教人员—师
资培养—研究 Ⅳ.① G615

中国版本图书馆 CIP 数据核字 (2020) 第 127309 号

北京市版权局著作权合同登记 图字：01-2020-4357 号

幼儿园教师评价与支持
YOU'ERYUAN JIAOSHI PINGJIA YU ZHICHI

出 版 发 行	教育科学出版社				
社　　　址	北京·朝阳区安慧北里安园甲 9 号		邮　　编	100101	
总编室电话	010-64981290		编辑部电话	010-64989395	
出版部电话	010-64989487		市场部电话	010-64989572	
传　　真	010-64891796		网　　址	http://www.esph.com.cn	
经　　销	各地新华书店				
制　　作	宗沅书装				
印　　刷	保定市中画美凯印刷有限公司				
开　　本	720 毫米 ×1020 毫米　1/16		版　　次	2020 年 8 月第 1 版	
印　　张	12		印　　次	2023 年 7 月第 2 次印刷	
字　　数	183 千		定　　价	42.00 元	

译者的话

2018 年 11 月 7 日颁布的《中共中央　国务院关于学前教育深化改革规范发展的若干意见》（以下简称《意见》）第十六条指出，要"健全教师培训制度"，并明确要求"出台幼儿园教师培训课程指导标准""研究制定全国幼儿园教师培训工作方案""创新培训模式"等。中共中央、国务院的高位引领与要求表明，研制幼儿园教师培训课程指导标准已成为新时期认真落实党的十九大提出的"办好学前教育"和"实现幼有所育"精神，深入贯彻"深化改革、规范发展"要求，坚持落实"立德树人"思想，加快建设"高素质、专业化、创新型"师资队伍的新任务。2015 年，教育部教师司启动并发布了《关于组织实施中小学幼儿园教师培训课程标准研制工作的通知》（教师司函［2015］3 号），决定组织实施中小学、幼儿园教师培训课程标准研制工作。该项课程标准旨在规范指导各地幼儿园教师全员培训的实施工作，引导各地对教师教育教学能力进行科学诊断，设置针对性培训课程，确保按需施训。[①] 确实，幼儿园教师质量是关乎国家学前教育发展水平的重要变量，而提升教师质量的首要前提是建立一套有理论支持、可操作、科学合理的教师评价体系，即做好"幼儿园教师评价"工作；之后，才能根据幼儿园教师评价体系建立一套幼儿园教师支持体系，即做好"幼儿园教师支持"工作。从这个意义上来讲，"幼儿园教师评价"是"幼儿园教师支持"的前提，"幼儿园教师支持"是"幼儿园教师评价"的追求，二者的一体化应该成为未来幼儿园教师评价的必然走向。也正是从这个意义上来讲，"幼儿园教师评价"才能是发展性评价或以促进教师发展为目的的评价，"幼儿园教师支持"才能是基于证据的支持，或帮助教师从"有证据的原有水平"持续追求"有依据的最近

---

① 教育部教师司 . 关于组织实施中小学幼儿园教师培训课程标准研制工作的通知［Z］. 2015.

发展水平"的有益、有效的支持。当然，也正是从这个意义上来讲，幼儿园教师培训课程标准的研制工作实质上就是对"幼儿园教师评价与支持"的研究，是基于科学和高效诊断的幼儿园教师支持研究，是促进幼儿园教师评价与支持一体化的研究。作为影响幼儿园教师学习与发展质量的核心因素，幼儿园教师评价与支持一体化不仅成了为教师专业发展奠定良好基础的幼儿园教师教育的新概念和新观点，而且正在成为我们落实《幼儿园教师专业标准（试行）》、"走出奖惩导向误区"的学前教育管理转型和幼儿园教师质量提升的核心要素和关键抓手。

一、为什么要译介这本《幼儿园教师评价与支持》

为了做好《幼儿园教师培训课程标准》中的相关研究工作，我们搜集、整理了大量国外政策文件、著作、论文等。这本名为《幼儿园教师评价与支持》（*Evaluating and Supporting Early Childhood Teachers*）的图书与教育部的要求在结构和逻辑上非常符合。同时，我们也深感我国学前教育领域迫切需要一本具有系统性和操作性的幼儿园教师评价与支持图书。例如，各级教育行政部门需要参考有效的幼儿园教师评价与支持图书来规范教师准入、聘任、考核、退出等管理和督导机制；开展幼儿园教师教育的院校需要参考有效的幼儿园教师评价与支持图书，来建立科学的教师质量评价制度，并完善教师的培养、培训方案；幼儿园管理者需要参考有效的幼儿园教师评价与支持图书，来完善教师岗位职责和考核评价制度，并规划教师的专业发展；幼儿园教师需要参考有效的幼儿园教师评价与支持图书，来进行自我评价工作，以制定自我专业发展规划，并提升专业发展水平。这本书结构清晰、简明易懂，也便于在"幼儿园教师评价与支持"的实际操作中使用。我们选择的这本《幼儿园教师评价与支持》是曾担任全美幼教协会（NAEYC）理事会成员的美国著名学者安热勒·桑乔·帕塞（Angèle Sancho Passe）的最新研究成果，我们相信这本既系统专业又通俗易懂的《幼儿园教师评价与支持》的译介对于我国各级教育行政部门、开展幼儿园教师教育的院校、幼儿园管理者、幼儿园教师进一步关注学前教育领导者的角色、创建工作者关爱共同体、识别教师的质量、掌握评价教师的工具和技术、学会支持教师的工具与技术、注重给予差异化支持、制订评价和支持教师的计划等均将具有重要启迪。

这本书不仅适应了我国当前注重学前教育内涵发展的新要求，而且体现了幼儿园教师的"发展导向"和科学发展的理念。具体而言，我们译介这本书主要基于如下四点理由。

（一）"幼儿园教师评价与支持"对学前教育质量提升具有重要意义

有效的教师评价与支持是推动教育机构发展、提升教师专业能力，进而促进幼儿发展和提高教育教学质量的重要保证。对于幼儿园的发展而言，幼儿园教师管理者应在一定的教育价值观指导下，根据园所的教育目标和教师所承担的教学任务，按照规定的程序，运用科学的方法，借助现代技术广泛收集评价信息，对教师的工作质量进行价值判断，从而为教师改进工作、为学校加强和改进教师队伍的管理与建设及进行决策提供依据。对于幼儿园教师的发展而言，教师评价具有导向、激励和促进教师发展的功能。教师评价是衡量教师的一把标尺，是促进教师努力的一种导向，教师可以针对评价标准的每一条指标认真反思与检核自身行为，也可以针对个别指标有针对性地持续进行反思。对于幼儿的发展而言，通过对教师的评价与支持，可以有效提高教师的专业化水平，帮助教师发展科学的教育教学能力，从而为促进幼儿的全面发展提供有力保障。由此可见，教师的发展是幼儿园发展的前提和支持性条件，通过对教师的评价与支持，可以有效促进教师的专业发展，为提高幼儿园教育质量奠定坚实的基础；幼儿的发展只有在有质量的教师的支持下才能完成，只有基于评价而给予教师专业化的支持，才能提升教师的专业能力，确保幼儿的全面发展。总之，只有通过幼儿园教师评价与支持才能促进幼儿园、教师、幼儿的三位一体发展，推动学前教育质量的提升。

（二）我国"幼儿园教师评价"缺乏对"情境性"和"规范化"的关注

教师评价是对教师教育教学行为的及时性评价，应根植于幼儿园课堂情境的师幼交互过程，而不应是事后的裁判。然而，传统的幼儿园教师评价更多的是考查教师的专业知识、专业技能，特别是艺术技能、教学成果等结果维度。新的教育评价理念呼吁重视教育评价中的过程性要素。因此，幼儿园教师评价应渗透到教师支持幼儿一日生活的各个环节当中，渗透到教师支持幼儿在不同活动样态中的学习与发展过程当中，在不同的活动情境中对教师的支架行为展开基于活动情境的过程性评价。在此基础上，科学系统地建构情境性评价指标来进一步规范幼儿园教师评价工作是当前需要关注的另一个重要方面。2012 年，国务院印发的

《关于加强教师队伍建设的意见》提出了"大力提高教师专业化水平""完善教师专业发展标准体系""健全教师考核评价制度"的要求。同年，教育部颁布的《幼儿园教师专业标准（试行）》对教师教育行为提出了规范性要求。2018 年，中共中央、国务院颁布的《关于全面深化新时代教师队伍建设改革的意见》提出，要"建立符合中小学教师岗位特点的考核评价指标体系"。然而，当前的幼儿园教师评价或者从师德修养、文化素质、教学科研、保育工作、工作绩效等多维度进行，或者强调综合素质导向的专业理念与师德、专业知识和专业能力。而基于幼儿园教师岗位任务的岗位胜任导向的评价指标体系尚未建立。因此，从幼儿园教师岗位任务出发，系统建构更具有实践性、操作性、发展性与支持性的教师质量标准，是当前推动教师评价工作规范化的主要任务。

（三）我国"幼儿园教师评价"缺乏对"发展性"和"支持性"的关注

教师评价不仅要科学化评估教师的行为表现，而且要推动教师的专业化学习与发展，更要识别教师行为表现和指标之间的发展差距，以更有效的内容、方式与路径支持教师的发展。然而，当下我国教师评价倾向于单纯的评价，即奖惩考核与人事管理，显然重点是对教师行为的结果进行裁定，而不是支持教师的后续发展。正是由于我国教师评价制度对支持教师发展的忽视，使得在政策的制定与实施中也出现多种问题。**首先**，我国目前尚未制定专门性的幼儿园教师评价与支持政策。《中华人民共和国教师法》《中华人民共和国教育法》《基础教育课程改革纲要（试行）》等政策法规只是将教师评价作为其中的一部分，缺乏针对幼儿园教师评价与支持的专门政策文件。并且，我国教师评价政策的制定更多是基于宏观层面的说明，缺乏详细、有适宜方法和工具的教师评价与支持规定。**其次**，教师评价政策的制定与实施不关注对教师的支持。例如，《中华人民共和国教师法》规定："考核应当客观、公正、准确，充分听取教师本人、其他教师以及学生的意见。"然而，在实际的评价中，幼儿园教师本人的意见和需要通常被忽视，教师绩效考核主要根据学校发展的目标而设定，忽视了对教师需求和教师发展的关注与支持。由此可见，将支持教师发展作为教师评价工作的重要组成部分，切实做好幼儿园教师的评价与支持工作，促进幼儿园教师评价由奖惩性评价转向发展性评价是当前需要解决的重要问题。

（四）我国"幼儿园教师评价与支持"实践缺乏适宜的方法和工具

目前我国幼儿园存在着一种"自上而下"型的传统教师评价模式，作为一种行政管理手段和制度，这种模式主要以对教师进行奖惩为主要评价目的，幼儿园根据上级教育行政部门对幼儿园教师考核评价的基本要求，由考核领导小组根据每位教师获得的评价等级做出相应的奖励或惩罚决定。传统评价模式使幼儿园教师缺乏参与权、知情权和话语权，难以满足学前教育改革和园本发展对提升教师队伍质量的迫切要求，在评价中教师因难以获得平等的尊重和支持而使职业幸福感大打折扣，因难以获得有效的引导和支持而使教师的自我专业能力难以提升。尽管学前教育领域的专家们对具有惩罚性、终结性、单一性的传统教师评价体系进行了反思，提出了重发展性、过程性和多元性的教师评价体系的期望，但在实际应用方面，如何改进"自上而下"的传统评价、提升幼儿园教师参与评价的积极性，如何将评价贯穿于幼儿园教师的日常教育教学，使过程性评价与即时支持更好地结合，如何使奖惩性评价与发展性评价更好地融合以服务于教师的主动发展，如何在对全体教师进行评价的基础上关注教师的个体差异，这些问题仅靠国家的政策引导或专家的理论阐释是不能解决的，只有结合实践领域的不断尝试和探索才能合理解决。这便需要有科学的幼儿园教师评价与支持的实践、方法及工具。本书从实践操作出发提供的具体可操作的幼儿园教师评价与支持实践、方法及工具，为我国建构科学合理的幼儿园教师评价体系提供了有益的借鉴。

（五）我国学前教育界迫切需要具有系统性、可操作的"幼儿园教师评价与支持"方法和工具

教师评价本质上是一个价值判断的过程，而且是运用科学的方法和工具对教师的工作表现进行价值判断的过程。因此，建构一套具有导向性、系统性和可操作的幼儿园教师评价与支持方法和工具，是有效开展幼儿园教师评价与支持工作的前提条件和重要保证。**首先**，学前教育界迫切需要具有导向性的教师评价与支持工具，掌握价值引领、目标可达、行为导向、促进改进的评价工具，通过评价规范、引导教师的发展；**其次**，学前教育界迫切需要具有系统性的教师评价与支持工具，掌握多元主体、多个领域、多种方法、多个角度的评价与支持工具，全面系统地对教师进行评价与支持；**再次**，学前教育界迫切需要可操作的教师评价

与支持工具，掌握指标明确、针对可测、等级区分、量质结合的评价与支持工具，科学准确地对教师进行评价与支持。本书提出的教师评价与支持的方法和工具具有导向性的指导思想、系统性的编制原则和可操作的具体程序，能够为我国构建幼儿园教师评价与支持体系提供有益的启发。

二、本书结构与主要观点

本书作者安热勒·桑乔·帕塞是一位学前教育专业教师、顾问和作家。她拥有儿童心理学和家庭社会科学学士学位、家庭教育硕士学位和明尼苏达大学组织证书。安热勒是明尼苏达州 2012 年"伊夫林·豪斯（Evelyn House）早期教育领域杰出贡献奖"的获得者，曾担任全美幼教协会（NAEYC）理事会成员。在这些丰富工作经历的基础上，安热勒总结了早期教育中有关教师评价与支持已有的研究成果，提出了"教师评价与支持"研究及实践的新理念和系统的框架思路，并给出了翔实的案例说明，为幼儿中心主任、机构管理人员、园长、顾问、导师等学前教育界人士提供了教师评价和支持的理念启示和工具借鉴。

（一）本书基本结构

本书旨在为教育领导者评价、支持教师的发展提供指导、资源、工具和方法。全书共由 7 个章节组成：第 1 章是关于教育领导者的角色；第 2 章是创建工作者关爱共同体；第 3 章是识别教师的质量；第 4 章是评价教师的工具和方法；第 5 章是支持教师的工具与技术；第 6 章是差异化支持；第 7 章是制订评价与支持教师的计划。本书通过对开展幼儿园教师评价与支持工作进行全面阐释，并围绕幼儿园教师评价与支持的环境、资源、评价工具、支持工具、差异性原则、计划的制订等 6 个方面，依次为学前教育界评价、支持幼儿园教师提供了具体而可操作的借鉴。

（二）本书主要观点

1. 学前教育领导者的角色决定了其"教师评价与支持"的职责

评价和支持幼儿园教师是学前教育领导者的主要职责，如何有效地评价和支持幼儿园教师的教育教学质量是学前教育领导者应该关注的重要问题。本书首先对"评价"和"支持"的含义进行了界定，"评价"一般具有两种不同的价值取向，即"判断价值"和"发现价值"。安热勒强调的"评价"属于第二种取向，即让教师发现自身的价值并充分发挥出来。"支持"是指支撑、举起、促进、提供、加固、强化、鼓励等。安热勒提出了学前教育领导者评价与支持教师的五项指导原则，即：创建工作者关爱共同体、促进专业能力发展、提供适宜的指导和资源、评价专业技能和成长以及促进在学前教育领域的参与。基于这五项指导原则，安热勒为学前教育领导者提供了检验幼儿园现状的两份评价工具——观察评价表和自我评价表，这两份工具将更好地帮助学前教育领导者对幼儿园教师进行指导和评价。

2. 学前教育领导者应创建工作者关爱共同体

促进教师与教师之间、教师与领导者之间建立积极的人际关系不仅是学前教育机构领导者的重要职责，而且是学前教育机构领导者创建一个工作者关爱共同体的关键，更是有效评价与支持所在机构教师专业发展的前提条件。安热勒着力探讨了学前教育领导者创建一个工作者关爱共同体的七种主要方法，分别为：创造良好的工作条件、设定共同的议程、与教师建立专业的关系、鼓励合作的文化、有效地交流、示范关爱和同情、维持工作者关爱共同体。作者重点阐释了每种方法所涵盖的基本要点，并辅以相应的实践案例来加以分析说明，以帮助学前教育领导者理解并运用这七种方法创建自己的工作者关爱共同体。

3. 学前教育领导者应全面识别幼儿园教师的素质

教师的教学质量影响着幼儿的学习，通过评价教师能够促进教师的专业化发展、提高教学质量，进而改善儿童的教育。评价教师教学质量，首先需要清楚什么是教学质量。安热勒分析了教学质量的三个组成部分：教学行为、教学结果、专业行为，并根据这三方面的整体框架设计出教学质量检核表，通过运用检核表反馈出基本的教学质量，帮助学前教育领导者以及教师快速地完成全面化和目标化的教学质量蓝图。

4. 学前教育领导者应掌握评价教师的工具和方法

安热勒提出了一些具体的、可操作的教师评价工具和方法。**在评价主体方面**，教育管理者可以使用 360 度数据反馈方法多方位、多角度地收集数据，以对教师进行客观全面的评价，即教师不仅接受教育领导者的顶层评价，还可以接受家长、同事和教师自己的评价；**在评价工具方面**，安热勒分别介绍了领导者、投资人、家庭、同事以及教师自我评价的工具；**在评价步骤方面**，安热勒提出了六步评价模型，即明确对教师评价的看法、选择或开发评价的工具、实施评价、分析结果、交流结果以及跟进回顾。

5. 学前教育领导者应掌握支持教师的工具与技术

安热勒提出了学前教育领导者支持教师的七种工具与技术。**第一**，应依据评价结果支持教师的专业发展与专业参与。**第二**，支持教师进行反思型实践，管理者可以通过引导教师记录、抛出关键问题等方式帮助教师对自身的教学实践进行反思。**第三**，训练也是支持教师发展的有效方法。在训练资源方面，安热勒推荐了三种具有影响力的训练资源；在训练规则方面，安热勒提出培训师应营造温馨氛围、提高敏感性、关注教师观点、发挥领导力、提升效率、利用工具、支持教师分析、提供反馈；在训练过程方面，安热勒提出应收集数据、分析数据、基于数据进行反思；在训练方案方面，安热勒提出了培训方案的循环四步骤，即前观察、观察、设计观察后讨论会、观察后讨论会；在训练计划方面，安热勒提供了可操作的训练计划表供教师填写。**第四**，促进教师同行间的良好关系。**第五**，为教师提供指导和建议。**第六**，授权教师支持所有幼儿的学习。**第七**，通过鼓励教师、营造工作乐趣来保持教师士气旺盛。

6. 学前教育领导者应为教师提供差异化支持

学前教育领导者应根据自身团队和教师个人的独特需求来实现差异化和支架性支持。教师的技能发展通常要经历新手、熟练的新手、骨干和专家四个阶段，学前教育领导者应根据自身团队和教师个人的独特需求来实现差异化支持，应立足于教师的技能基础提供适宜其水平的挑战，应找准每位教师从无意识生疏逐步到有意识熟练的结合点以提供个性化支持，应依据教师的技能、经验、受教育水平、年龄、语言和文化背景提供多样化的支持。

7. 学前教育领导者应制订评价与支持教师的计划

介绍了教师评价与支持的具体方法和工具后，安热勒从整体上提出了学前教育领导者实施教师评价与支持的计划方案。领导者应通过评价环境、决定重点发展领域、制定 SMART 目标、实施计划、评价计划五个步骤来设计方案。教育领导者应认识到评价与支持是一项值得做的投资，在评价与支持工作方面投入时间与精力才能切实提升学前教育的质量。

（三）本书特点

本书以理论研究与实践探索相结合为基本原则，并侧重以实践性为导向来促进学前教育领导者对教师评价与支持的理解和运用，通过实用方法和操作性工具的呈现，帮助学前教育领导者对教师进行科学、高效的诊断，进而提供基于诊断的发展性支持。

1. 强调理论研究与实践探索相辅相成

本书在整体结构上体现了理论研究与实践探索之间相辅相成、相互影响的关系。关于教师评价与支持的理论研究为教师评价的实践探索提供了特定视野和概念框架，为实践探索部分定位了逻辑起点、提供了分析框架并阐明了支持策略的依据。例如，作者提出的教师评价与支持包括五项原则：创建工作者关爱共同体、促进专业能力发展、提供适宜的指导和资源、评价专业技能和成长以及促进在学前教育领域的参与，作者以此为框架对各项原则进行了案例分析和情景再现。而关于教师评价与支持的实践探索能充分验证并丰富教师评价与支持的基本理论。例如，作者列举了教师评价与支持的工具和方法，这为我们进一步思考和研究教师评价与支持的目的、价值提供了启示，并为学前教育领导者有效落实教师评价与支持工作提供了实践支持。这种理论与实践互相呼应的结构有助于读者深入理解教师评价与支持的内涵、价值和策略等。

2. 侧重以实践性为导向促进教育领导者的理解和运用

目前世界范围内关于教师评价与支持的理论研究较多，以学前教育领导者为读者对象的实践研究较少。本书作者以帮助学前教育领导者理解教师评价和运用教师支持策略为目的，遵循着实践导向的原则，在框架设计、内容安排、术语表达、方法与工具构思等方面都尽可能贴近教育工作者的实际需求，力图帮助领导者理解并掌握教师评价与支持的基本理论，引导其制定和实施促进教师发展的具体策略，支持其选择和使用适宜的教师评价工具，指导其完善管理方法以创设支持教师发展的机会。此外，本书每章结尾处还设有反思性实践问题，以帮助教师进行个体反思，并支持教育领导者在专业学习社区与教师一起讨论这些问题，通过个人反思和集体反思促进教师的发展。另外，本书附录提供了可以直接复制使用的评价工具，教师可以按需修改，以供自己使用。

3.倡导对教师进行科学、高效的诊断

本书主要探讨如何帮助学前教育领导者有效开展幼儿园教师的评价与支持工作。其中，"教师评价"作为本书的核心主题之一，表达了作者对幼儿园教师评价工作的重视，体现了作者对教师进行科学、高效诊断理念的追求，这也成为本书的基本特点之一。例如，在评价教师教学质量方面，本书首先介绍了一些评价教师的工具及测量儿童学习的工具，然后基于360度数据反馈概念、平行过程和五项指导原则提出了教师评价的综合模型，即：第一步，明确对教师评价的看法；第二步，选择或开发评价工具；第三步，实施评价；第四步，分析结果；第五步，交流结果；第六步，跟进回顾。文中还强调教师评价应从质和量两方面出发，从质和量两方面介绍教师评价才是科学、真实和富有意义的。

4.追求对教师进行基于诊断的发展性支持

正如前文所述，本书的核心主题共有两个，分别是"教师评价"和"教师支持"。其中，"教师支持"指向的是对幼儿园教师专业发展的支持。从这两个主题的逻辑关系来看，教师评价在前，教师支持在后。基于这个工作逻辑，作者想要强调的是对教师的支持必须要基于对教师的评价，即通过对教师的教学实践展开真实诊断，进而根据出现的教育问题为教师的专业发展提供针对性的支持。例如，从支持幼儿园教师专业发展的角度，首先，本书指出了支持教师专业发展与专业参与的四个方面，即：联系数据关注教师培训、对最佳实践进行自学、对教师在培训中的所学表达关注、督促教师加入专业组织。其次，提出了反思型实践的原则，并提出教师反思的范例。再次，提出了面向全体教师提供服务的有效方法，即训练，并提出了训练的规则及训练方案的四个步骤，包括前观察、观察、观察后讨论会的设计以及观察后讨论会。最后，提出了另一种有效支持教师专业发展的方法，即促进教师间的良好关系等。

5.重视实用方法和操作性工具的呈现与指导

作为一项高度专业的工作，评价与支持幼儿园教师对于学前教育领导者来说充满困难和挑战。为了有效地帮助学前教育领导者对幼儿园教师展开评价与支持，作者基于实践经验提供了相应的实用方法和操作性工具，为教育领导者开展有效的教师评价与支持工作提供了有力抓手。例如，在评价教师的工具和方法方面，本书介绍了使用360度数据反馈的方法；领导者收集数据的工具（如拍摄视频)、其他教师的观察工具、教师评价标准；教师收集数据的工具（如教师的自我评价）、测量幼儿学习的工具、幼儿档案袋；家庭调查表；同事调查表等。在支持幼儿园教师的工具与技术方面，本书介绍了训练的资源，如基于实践的训练、《早期儿童训练手册》、"训练的种子"；训练规则，如氛围、敏感性、教师的视角、领导力、效率、形式、分析、反馈；运用数据进行训练，如收集数据、分析数据，并基于数据进行反思；训练方案四步骤，包括前观察、观察、观察后讨论会的设计以及观察后讨论会；利用表格制订训练计划等。

三、"幼儿园教师评价与支持"的相关研究对我国学前教育发展的启示

基于《幼儿园教师评价与支持》一书的理论与实践观点，在我国"办好学前教育"的方向指引下，学前教育领导者应结合幼儿园教师评价和支持的相关研究成果，自觉发展"幼儿园教师评价与支持"的素养，充分认识"幼儿园教师评价与支持"的目的，系统建构"幼儿园教师的评价与支持"制度，深入研究"幼儿园教师评价与支持"的策略，自我检核并主动发展"幼儿园教师评价与支持"能力，并将提升教师的支持能力作为教师评价的最终归宿，从而促进学前教育质量提升。

（一）学前教育领导者应自觉发展"幼儿园教师评价与支持"的素养

我国政策文本中对学前教育领导者的"教师评价与支持"素养提出了要求，例如，《幼儿园园长专业标准》提出，园长应"建立健全教师专业发展激励和评价制度，构建教研训一体的机制，……了解教师专业发展的需求，鼓励支持教师积极参加在职能力提升培训，为教师创造并提供专业发展的条件和环境"。然而，目前很多学前教育领导者开展的行政化倾向极浓的自上而下的封闭式幼儿园教师评价模式因缺乏内驱力而不能关注教师的切实需求。为解决这一问题，现代教育管理的实践呼唤学前教育领导者提升"幼儿园教师评价与支持"素养，如此才能保证教师的可持续发展。学前教育领导者应确立科学的评价理念，掌握客观的观察方法，建构可行的评价工具，拥有适宜的与教师、家长沟通的技能，使用有效的支持策略，建构科学有效的"幼儿园教师评价与支持"机制，以保障教师队伍

专业能力的提升。

（二）学前教育领导者应充分认识"幼儿园教师评价与支持"的目的

评价目的指向评价的理由，所回答的是为什么评价的问题。根据评价目的的不同，教师评价可以分为奖惩性评价和发展性评价。奖惩性评价也称为"绩效管理型教师评价"、"行政管理型教师评价"和"问责模式"。该评价模式重视结果，是终结性评价，以加强教师绩效管理为目的，依据评价结果对教师解聘、晋级、增加奖金等。发展性教师评价重视教师教学工作的过程，是形成性评价，以促进教师可持续发展为核心目的，在对教师过去的工作业绩进行考核与评定的同时，要为教师提供关于教育教学的信息反馈，支持教师反思和总结自身的不足，帮助教师确定未来的发展需求。通过审视本书的核心主题和主要观点可以发现，作者所倡导的幼儿园教师评价理念为发展性评价，即基于对教师的评价来促进教师的专业发展。因此，我国教育领导者应充分认识到：评价最重要的意图不是为了证明，而是为了改进；幼儿园教师评价的主要目的不在于给教师贴上优秀教师或不合格教师的标签，而是以促进教师的专业发展为目的，引导教师将自我表现和标准相对照，帮助教师制定个人的发展目标和发展规划，促进教师自我不断完善并实现专业化发展，实现个人与组织共同发展的双赢结果。[1]

（三）学前教育领导者应系统建构"幼儿园教师的评价与支持"制度

教师评价体现的是教育领导者对教师的期望，是教师工作的方向和准绳，也是教师争取达到的预期标准。**在评价工具方面**，学前教育领导者可以借鉴安热勒的研究成果构建全面、可操作和精练的评价工具，基于教师的具体行为表现从各个方面对教师的素质进行评价；**在评价方法方面**，使用定量评价和定性评价相结合的方式，采用检核表、课堂观察、教师访谈等方式进行综合评价；**在评价主体方面**，自我评价是教师运用有效的标准收集与自己的教学效果有关的信息指导自己教学的过程[2]，是自我认识、自我分析、自我改进、自我完善的过程[3]。教育领导者应鼓励教师进行自我评价，以主体意识积极参与评价过程，提高教师的教学能力和教学反思能力，促进教师的自我反思、自我激励和自我发展。

---

① 滕越.教师专业发展评价的动力分析［J］.当代教育科学，2004（11）：48-50.

② Simpson, R. H. (1966). *Teacher self-evaluation*. New York: Macmillan, 3.

③ 陶西平.教育评价辞典［M］.北京：北京师范大学出版社，1998：418.

（四）学前教育领导者应深入研究"幼儿园教师评价与支持"的策略

幼儿园及社会层面应该思考如何应用评价标准让其发挥最积极的作用。评价标准不应主要用于对教师的考核和评鉴，而是需要幼儿园创造一个强调尊重、促成专业成长及相互合作的氛围，搭建教师专业对话平台，建构教师专业发展目标，支持教师能力的发展。为此，学前教育领导者需要研究并利用有效的策略以促进幼儿园教师评价与支持工作，具体而言包括以下几个方面：**首先**，学前教育领导者需要为教师创设适宜的环境。教师的教育教学并不是发生在真空里的，而是基于一定的情境和条件，那么这些条件是否适合教师的发展，需要领导者深入思考幼儿园的课程、环境和文化建设。**其次**，学前教育领导者可以根据评价结果合理安排教师队伍的发展策略，既要有整体安排的专业发展活动，如组织全园教师培训和专业学习，也要有分层次安排教师达成的专业目标，如分层、分批进行有针对性的培训。幼儿园可根据评价结果发现教师的个别差异，了解不同教师的优缺点。了解到每个教师都可能有不同的背景、技巧、观点和知识，幼儿园应该尽量满足教师的多元化需要，并能引导、监控且评价教师学习与发展的进展、历程，帮助教师改进教学行动。**再次**，学前教育领导者应组建教师学习共同体，鼓励教师以共同体的形式进行同伴交流和专业经验的分享，共同学习如何观察幼儿，然后对教师专业发展的有效性或专业发展的结果进行讨论与评价，继而依据全体教师的共同需求规划下一步的专业发展方案。

（五）学前教育领导者应自我检核并主动发展"幼儿园教师评价与支持"能力

自我检核是学前教育领导者对自身"幼儿园教师评价与支持"能力做出肯定或否定的判断，并进行主动反思和发展的重要途径。**首先**，学前教育领导者应对自身对"幼儿园教师评价与支持"的关注程度进行评价，反思自身在教育管理过程中是否真正关注教师评价与支持对师资建设和园所发展的重要意义，不断提升对教师评价和支持的关注意识；**其次**，学前教育领导者应对自身进行"幼儿园教师评价与支持"的过程做出评价，分析教师评价工具的操作性，反思教师支持策略的有效性，及时发现问题并提出切合实际的解决问题的方法，提升教师评价和支持的知识与技能；**再次**，学前教育领导者应对自身进行"幼儿园教师评价与支持"的效果做出评价，探讨他评和自评的结果对教师发展的促进作用，反思对教师的支持策略是否真正促进了教师的差异化发展，思考如何进行评价和支持以更好地促进教师的发展，及时进行总结，分析实施的效果，推广成功的经验和方法，提出下一阶段实施的目标和改进意见，从而不断提高自己的教师评价和支持水平。

（六）学前教育领导者应将提升教师的支持能力作为教师评价的最终归宿

作为本书的核心主题，从本质上来看，"教师评价"和"教师支持"强调的是基于对教师的评价来为教师的专业发展提供有力支持，可以说，提升教师支持幼儿发展的能力是本书的最终归宿。为此，本书作者重点探讨了如何基于教师评价来支持教师的专业发展，指出学前教育领导者必须能够利用评价数据生成支持教师专业化发展的最佳方法，这样方能有效支持教师的专业发展。因此，本书作者进一步提出了支持教师专业发展的一些方法，如培训、训练和教导教师的教育行为等。对于我国学前教育领导者来说，要借鉴本书的观点，必须将提升教师支持幼儿发展的能力作为教师评价的最终归宿。那么，学前教育领导者该如何促进幼儿园教师的支持能力？基于本书的相关观点，同时结合当前我国幼儿园教师专业发展的政策导向与实践趋势，教育领导者有必要树立以下立场：**首先**，加深专业理解是幼儿园教师理解并支持幼儿发展的基础和起点。教师需要理解幼儿发展的内涵特征与结构、机制与路径及影响因素等，切实掌握幼儿发展的水平、各种具体典型行为表现，并能够掌握观察和记录的基本方法。**其次**，解决实际问题是幼儿园教师实际支持和持续支持幼儿发展的基本功和专业胜任力的实际表现。教师加深专业理解只是教师胜任力发展的一个方面，教育本身是一项实践活动，因此教师能否在实际教育活动中支持和持续支持幼儿的学习与发展才是教师专业胜任力发展的更为重要的体现。只有教师将理论培训的内容应用于教育实践，才是教育工作者价值的体现，才能真正说明教师的专业胜任力得到提升。**再次**，提升自身经验是教师研究与反思幼儿发展和自身专业能力、成为研究型教师和反思型教师的真实需求。已有研究指出，教师正是通过不断反思，不断从已有经验中获得提升的点位。幼儿尚且可以通过回顾与反思总结活动经验，提升自我，教师作为成年人，有效的反思更是自我提升的重要方式。**最后**，加深专业理解、解决实际问题和提升自身经验三个组成部分是教师支持能力提升的结构性表达，也是教师支持能力提升的路径性表达。这种设计思路将教师专业胜任力的提升拆解为三个部分，分别是理论知识、实践能力、反思提升。此种培训设计可以为切实解决培训针对性不强、内容泛化、方式单一和监测薄弱等问题提供可操作的借鉴，能够有效提升教师支持幼儿发展的能力，实现教师胜任力的发展。

综上所述，自我国将"建立促进教师不断提高的评价体系"视为基础教育课程改革的一项重要任务以来，重视对教师的评价与支持已经成为我国教育事业发展的重要工作。对于学前教育领域而言，虽然进行幼儿园教师评价与支持对教师和幼儿园发展具有重要价值，但是我国当前幼儿园教师评价却存在不少问题，如幼儿园教师评价政策缺乏对教师发展的关注，幼儿园教师评价与支持实践缺乏适宜的方法等。因此，针对这些问题，译者借教育部展开《幼儿园教师培训课程标准——幼儿研究与支持》研制工作之际，立足国际，寻找到了《幼儿园教师评价与支持》这本书。本书围绕学前教育领导者的角色、创建工作者关爱共同体、识别教师的质量、评价教师的工具和方法、支持教师的工具与技术、差异化支持、制订评价和支持教师的计划等七个方面，全面解读了幼儿园教师的评价与支持工作。本书强调理论研究与实践探索相结合，侧重以实践性为导向来促进学前教育领导者对教师评价与支持的理解和运用，通过实用方法和操作性工具的呈现与指导，帮助学前教育领导者对教师进行科学、高效的诊断，进而提供基于诊断的发展性支持。

本书所提出的这些教师评价与支持的观点为我国学前教育领导者开展幼儿园教师评价与支持工作提供了重要启示。希望我国学前教育领导者自觉具备"幼儿园教师评价与支持"的素养、充分认识"幼儿园教师评价与支持"的目的、系统建构"幼儿园教师的评价与支持"制度、深入研究"幼儿园教师评价与支持"的策略、自我检核并主动发展"幼儿园教师评价与支持"能力，并将提升教师的支持能力作为教师评价的最终归宿。总而言之，基于《幼儿园教师评价与支持》的译介，我们希望这本书能够在幼儿园教师评价与支持工作中发挥重要作用，借评价与支持之力推动我国幼儿园教师队伍的发展，为"办好学前教育"和"幼有善育"做出一点贡献。

致所有学前教育领域的教师们，
以表达对他们所做重要工作的敬意和感谢。

目 录

致　谢

非常感谢集体的智慧和支持，使我能够思考并写出这个重要而又有趣的话题。我要感谢我的家人、红叶出版社（Redleaf Press）的团队、我在开端项目（Head Start）的同事们，以及来自公立学校系统、托儿所、专业协会、教师工会、营利性和非营利性组织、信仰组织、高等教育及政府中参与其中的每一个人。

特别感谢领导早期儿童教育发展的全美幼教协会（NAEYC）的工作人员、理事会成员和成员。能够成为这个具有前瞻性思想的教育工作者群体的一部分，我感到非常自豪。

非常感谢我的编辑卡拉·瓦拉德兹（Carla Valadez），她亲自指导了这本书的写作。

引　言

就在上周，我受邀评估我吃午餐的餐厅的质量、我去过的诊所的服务质量以及我参加的专业会议的质量。每一次，我要评估它们接待我的方式、环境、服务内容以及提供服务者的技能。下周，待我把车子弄好，毫无疑问我还会交上一份评估表。你可能有类似的经历。在如这种数据驱动型文化中，人们不断追求可衡量的改善。质量很重要，我们如果可以衡量它，就可以做得更好。

评估已经成为我们日常生活的一部分。我们会去数酒店、电影和幼儿中心的星级。我们可以找到几乎任何可用的产品或服务的在线评论，也可以自己写评论。我们知道评估是有用而有成效的。它们帮助消费者做出明智的选择。它们允许消费者提供反馈，帮助被评估的组织和个人知道要改进什么。甚至在教育方面，对儿童学习的评估有助于教师了解儿童所理解的内容以及他们的改进情况，这一点现在被认为是必不可少的（Copple and Bredekamp 2009; McAfee, Leong, and Bodrova 2004）。

然而，在教育领域，甚至在领导层中，教师评价还不是一个被普遍接受的想法。例如，几年前，我参与了公立学校质量改进流程（Quality Improvement Process, QIP）的初期实施。与高素质的行政人员和工会领导人合作，将质量运动的研究和原则运用到教育领域是令人振奋的，但这也令人沮丧。在有关教学质量的特别会议期间，桌子周围的领导人做出了不使用"E"（Evaluation, 评估）和"A"（Accountability, 问责制）字眼的协议，似乎质量改进可以不需要任何评估。这个想法很短视，它阻止了进步。然而，在质量改进的努力中可以不需要评估的想法似乎在今天的幼儿教育中仍然存在。我怀疑，对低质量评估的抵制或者来自一些教师，他们接受过惩罚性或无意义且不支持改进的评估。

改善教育质量的压力日益加大、加剧了对教师评价的抵制和担忧。如上所述，地方、州、联邦和国际层面的政策制定者及领导层正在关注早期教育对未来的学术成就和未来在生活中取得成功的价值。在私营部门，商人、经济学家和记者也感兴趣。他们从研究中知道，教学质量是影响儿童学习质量的最大因素（Tucker and Stronge 2005）。所以，一般当教育面临压力时，教师是目标，确保幼儿教育者改善教学是关注的重点。

教育领导者和教师都听到过这样的说法："如果教师们做得更好，孩子们就会学到更多、学得更好。"虽然这个说法是真的，但是谁在为教师着想？如果教师做得不理想，为什么会这样呢？教师需要什么才能达到技能的最高水平？他们得到这些东西了吗？他们是否像运动员一样，如果接受指导就可以变得更好？提供很少的支持，如一次性研讨会和一年一度的新材料，然后就希望质量有所提高，这是不公平的。我把这种想法叫作教育改进的"希望理论"。我们希望它有效。但这对孩子来说还不够好，对教师来说还不够好。这是寄希望于撞大运来提高质量。这使早期教育领域更容易受到也许怀有善意但被误导的慈善家、研究人员、决策者和商人的伤害，这些人都希望通过他们各自的解决方案和工具来"修复"我们的实践。我们俯首于最新的资助圈子，我们忘了关注需要为教师做些什么。

提高教学质量，从而提高儿童教育质量，不仅仅是提供更多的材料、更多的课程、更多的培训、更多的规则、更多的激励或更多的制裁。教师们被新举措淹没了，却没有得到有益的指导和支持。我认为，教育领导者必须找到一种支持教师的方式和制度，并对其进行评估。我们需要提出对幼儿教育有意义的方法。我们必须放弃"教师评价有害"的想法；当教师得到领导者的充分支持时，评价就不是威胁，而是合作、成长和改进的机会。

我为什么写这本书

我曾经做过教师、工会活动家、管理者、教师教育者、组织发展顾问和教练。我对这个话题的兴趣来自职业生涯的这几个角度。多年来，我与其他教育工作者、领导者和研究人员进行了许多关于教师技能的专业对话。我经常听到有人说支持教师是件好事，但对他们进行评价却有惩罚性。一旦了解了需要做什么，教师就会简单地"只做正确的事情"。我同意教师会尝试做正确的事情。我也意识到缺乏良好的教师评价制度在幼儿园至高三（K-12）的教育中造成了问题。

例如，没有得到适当评估和支持的无效教师阻碍了儿童学习，甚至压抑了他们的学习能力（Sanders and Rivers 1996）。我不想在幼儿教育中复制这种情况。处理教师评价和支持的最佳做法对于提高儿童教育质量至关重要。评价不能是被禁止的词语或可怕的做法。

在儿童教育领域，教师流失率非常高，与快餐店相当。在小学教育中，三分之一的新教师在三年内离职。同时，每天都有新人被吸引进来。具有不同水平技能和经验的人们需要支持才能在这个行业中脱颖而出。

对教师评价和高流失率的担忧是早期教育中更大一个问题——评价和支持体系不足——的症状。这些都是我希望在这本书中解决的问题。作为教育领导者，您将发现，您已经拥有许多有效评价和支持教师的技能与工具。如果您自己当过任课教师（classroom teacher），这一点尤其正确。您已经知道如何评价和支持孩子，评价和支持您服务的成年人的过程将是相似的。

这本书为谁而写

在整本书中，我使用"教育领导者"（education leader）一词指任何在评价和支持教师方面发挥作用的个人。教育领导者包括担任监事和领导的幼儿中心主任、教育机构管理人员和学校校长。这些领导者有责任雇佣和解雇教师，也有责任对他们进行评价和支持。教育领导者还包括在领导班子里但没有监督责任的同伴教师，如团队领导、教育协调者、顾问、导师、教练、骨干教师（lead teachers）和具有其他相关职称的教育工作者。尽管评价通常被留给作为主管的领导者，但支持被认为是每个领导者工作的一部分。这两项功能都是必不可少的。出于这本书的目的，我将指出每项功能的重叠和重要性。所有教育领导者都将受益于这本书的思想和策略，但需要根据你自己在组织中的角色和组织的人力资源系统来决定自己的实施策略。

这本书是如何组织的

在组织这本书时，后面的章节是建立在前面章节中的信息基础之上的，但是您可以按照任何您觉得合理的顺序阅读这些信息。

第 1 章描述了负责评价和支持机构中教师的教育领导者的角色和职责。

第 2 章提出了建立工作者关爱共同体的建议，为积极的工作环境奠定基础，在那样的环境中评价和支持实践可以茁壮成长。

第 3 章力求定义教学质量（teaching quality），并提供了相关主题的权威性资源，也揭示了这些资源可以怎样帮助您为评价教师做准备。

第 4 章深入研究了评价的主题，提供了实施评价的具体工具和方法——从规划评估到向教师传达结果。

第 5 章介绍了一些策略、工具和方法，包括训练、提供咨询和指导，用来帮助您使用评价收集的数据来支持教师。

第 6 章探讨了如何根据您的团队和教师个人的独特需求，来实现差异化和支架性支持。

第 7 章可帮助您为您的中心、学校或团队制订评价和支持计划。

在这几章中，我邀请您跟随教育领导者萨拉（Sara）、莫妮克（Monique）和乔恩（Jon）的旅程来评价和支持教师。他们在教育环境中的行为和反应基于我在现场对他们的观察以及我对人力资源开发最佳实践的看法。您将从他们的挑战和成功中学习。

萨拉：中心主管

萨拉是一个幼儿中心的主管。她曾任导演十年，自认为善于工作。她的中心员工流动率高，特别是助理教师群体。萨拉的中心有两个婴儿教室、两个学步儿教室和两个幼儿教室，六名骨干教师。其中四名骨干教师拥有学士学位，另有两名拥有儿童发展助理（Child Development Associate, CDA）证书。她的中心正在寻求全美幼教协会（NAEYC）的认证。这也是国家质量举措的一部分。该中心的质量评价和改进系统（Quality Rating and Improvement System, QRIS）评级为三星，萨拉的目标是在明年年底前获得四颗星。她对自己的领导能力充满信心，但也受到不愿接受建议的员工与人员频繁流动的挑战。

莫妮克：教育协调人兼教练

　　莫妮克是一名教育协调人，并且是开端项目教练。她没有监督责任，但处于领导地位。她负责三座大楼中的五间教室。她的工作是确保课程实施、孩子们有在学习、教学人员（骨干教师和助理）也做了所有他们该做的。当她的主任说出想让她成为教育教练的想法时，她很兴奋。她总是想提高课程的教学质量。她也感到担心，因为她以前参加过教练工作，而且学了很多东西，但是庞大的方法体系很吓人。她熟悉幼儿教育，也有良好的人际关系技巧，但尚未掌握为任课教师们组织辅导计划的词汇和结构。

乔恩：校长

　　乔恩是一所公立小学校长。他所在的地区去年开始推行从学前（pre-K）到三年级的一体化，因此他的大楼里有两个学前教室。他没有学前教育的经验。作为一名小学校长，直到最近他才开始考虑将学前到三年级（K-3）作为早期教育的一部分。他喜欢为年龄较小的儿童提供服务的理念，并期待着这种新的"学前到三年级一贯制"（pre-K-3 alignment）对儿童有利。他仍然认为这个安排有点压力。他现在在非专业的领域担任领导角色。他担心新聘的学前教师会不听他的话，只做自己的。

　　本书还包括检核表、自我评价表和可复制的表格，这些表格可以帮助您进行规划。当您尝试使用这些工具时，请随意修改以供自己使用，您最了解自己的情况。这些表格的可复制版本都在附录中。在每章结尾处，您会发现反思问题，这些问题可以帮助您批判性地评价和支持教师。请自己反思，或与您的员工在专业学习社区讨论这些问题。

　　本书重点关注教师评价和支持的紧迫问题，并提供解决方案。评价意味着注意到一种支持制度是否没能真正促进增长和改进。评价没有支持就像只对孩子进行测试而不教他们成功所需的技能。我知道，我们可以一起改善对教师的评价和支持。让我们从描述本书的使用原则和策略开始这项重要的工作。

第1章
教育领导者的角色

本章导读 [1]

　　本章在开篇明确提出，幼儿教育的质量主要受领导力与管理、幼儿园教师以及教学三方面的影响。教育领导者的角色就是通过评价与有意义的支持来确保这三方面的影响因素都能提高或维持其质量水平。因此，评价和支持幼儿园教师是幼教机构或幼儿园领导者的主要职责，如何有效地评价和支持幼儿园教师的教育教学质量是教育领导者应该关注的重要问题。首先，本章对"评价"和"支持"的含义进行了界定，"评价"是发现教师的价值或让教师发现自身的价值并将其充分发挥出来；"支持"是通过支撑、举起、遵守、提供等词形象诠释如何在实践中支持幼儿园教师。其次，本章阐述了教育领导者如何评价与支持幼儿园教师，即通过平行过程概念，用教师对待幼儿的方式来对待教师，将已有的教导幼儿的方法进行调整，提出评价与支持教师的五项指导原则：创建工作者关爱共同体、促进专业能力发展、提供适宜的指导和资源、评价专业技能和成长、促进在学前教育领域的参与。基于这五项指导原则，本章为教育领导者提供了检验幼儿园现状的两种评价工具：观察评价表和自我检核表。对这两种评价工具的评价结果进行对比分析，将更好地指导教育领导者对幼儿园教师进行指导和评价。最后，本章强调了当教育领导者遵循上述五项指导原则时所创设的环境以及幼儿园教师在得到支持的环境中的行为表现。文中所提供的案例让教育领导者进一步思考其工作和责任，激励其展开具有挑战性且有重要意义的评价与支持工作。

---

[1] 全书"本章导读"均为译者根据各章图书内容总结、归纳而成。——编辑注

本章结构图 ①

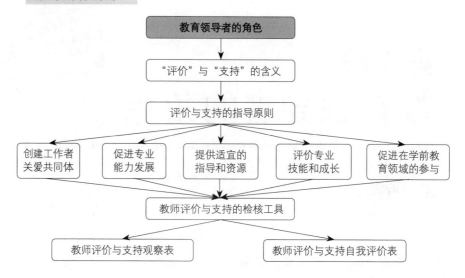

如果你的工作是评价和支持教师，那么你可能是自愿申请这份工作的，也可能是因为能力而被组织选中的。但是，不管你是主管、校长、主任、经理、协调员、教练、导师还是骨干教师，你都是一位教育领导者，都有责任创造并稳定优质的教师队伍，为孩子提供优质的教育。

幼儿中心或学校的主要资源是人力资源，教师则是其中最重要的因素。教师的素质与表现受监督与管理质量的直接影响，反过来又会影响儿童教育的质量。下面的图说明了领导力与管理、教师以及教学是如何支持高品质的儿童教育的。如果这三大方面充分发挥了效力，高品质的儿童教育就会发生。

---

① 全书"本章结构图"均为译者根据各章图书内容总结、归纳而成。——编辑注

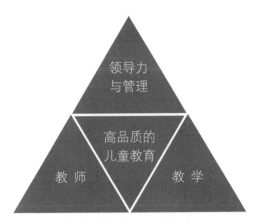

高品质儿童教育的影响因素

因此，教育领导者的职责就是确保金字塔的每个部分都

1. 以高质量水平运作（需要通过评价进行监测）；

2. 提高或维持其质量水平（需要强有力且有目的的支持体系）。

"评价"与"支持"的含义

对"评价"（Evaluation）有两种不同的诠释，一是指"判断价值"，二是指"发现价值"。我想，反对对教师进行评价的想法主要来自第一层理解，因为他们认为，教师是照顾孩子的"好人"，对他们进行判断显得太苛刻。所以，我在这里集中诠释第二种含义。对于教育领导者而言，发现教师的价值并反馈给他们是非常重要的。对于教师而言，发现自身的价值并进行充分的培养也非常重要。

"支持"有四种可能的含义。

1. 从底部支撑（to hold up from beneath）

2. 举起（to uphold）

3. 坚持（to stand by）

4. 提供（to provide for）

同义的动词，包括如下。

- ◆ 支撑（bolster）
- ◆ 加固（shore up）
- ◆ 促进（promote）
- ◆ 鼓励（encourage）
- ◆ 强化（strengthen）

- ◆ 附加（以支持）（second）
- ◆ 致力于（attend to）
- ◆ 加强（reinforce）
- ◆ 承受住（keep from falling）

这些词语形象地展示了如何在实践中支持教师。当你阅读到这里时，希望你能把这些词记在脑海里。

教养孩子不是一件容易的事。首先，它对身体素质有要求。教师随时要抱起和照看孩子，有时候坐在地上或椅子上一整天，甚至吃饭时也如此，要照顾幼儿并保证他们的安全。其次，它对智力和情感有要求。教师要想办法确立自己在孩子们心中的地位。这些孩子的思想和行为与我们成人有着天壤之别，为了找到适宜的活动、材料、步调和安全措施，教师必须学会像5岁的孩子那样思考，而且，不是一个5岁孩子，而是20个，甚至更多。作为15个月大的索菲亚（Sofia）的老师，她要知道，这个年龄的孩子可以攀爬架子，但如果学步儿也想要爬则必须制止他。作为9个月大的亚历克斯（Alex）的老师，她要明白，孩子哭是由于分离焦虑，这时候她的工作应该是安慰孩子和他的母亲——因为教孩子也意味着和孩子的父母一起工作。必须将父母纳入幼儿教育也使得我们的工作更具挑战性。

在私立或公立的教育机构中，很多老师很快选择离职，去寻找其他的工作，尽管最开始他们都抱着良好的意愿和工作期待。导致这一现实的主要原因就是教师缺乏专业上和情感上的支持与引导。教师们常常会感到孤独，因为他们觉得自己在独自面对所有的压力，即使是在集体环境中，他们也都是和一群词汇量有限、自我中心、正在学习自我控制的孩子待在一起，在精疲力尽中结束每一天。

我们不能忽视或增加教师在日常工作中的孤独感与疲惫感，应该积极地评价与支持他们。接下来，就让我们一起揭示教师工作的价值，并反馈给他们。让我们一起支持教师、鼓励教师，让他们变得更强大吧！

评价与支持的指导原则

在幼儿教育领域，我们对儿童发展及与其相适应的实践方面的研究已经相当充分了。我们有足够的信息来创建高品质的教室，但是，仍然缺少一个能让我们最有效地应用这些信息的重要支撑。也就是说，我们缺乏一套冷静的、清晰的、一致的和有效的评价与支持教师的方法。如果没有充分的衡量或促进教师成长的评价机制，影响的将是儿童教育的质量。

造成这一问题的原因之一可能是，从成为一名教师开始，很多教育领导者很少或没有接受过有关评价与支持教师的培训。即便如此，他们还是从从教的经验（或与教师的共同工作）中获得了丰富的认知。试想：如果我们用支持儿童学习的原则来支持教师的成长与发展会怎样呢？如果我们用一个平行的过程，用我们希望教师对待孩子的方式来对待教师，又会怎样呢？我并不是故意简化这个问题。教师是成年人，我们必须考虑成年人的需要和特征。但是，要想最大限度地支持教师发挥作用，我们必须对已有的教导孩子的方法进行调整。不论对孩子还是对教师，这样做都是有好处的。

支持教师的平行过程的概念对我来说是有意义的。这个概念来源于我对早期教育、成人教育、组织发展的学习，以及我作为教师、教师教育者、管理者、教练员和质量倡导者的工作。在我看来，组织发展、成人发展与儿童发展的一致性对教育质量的提升有着不可忽视的作用。冷静、有效的组织能够造就冷静、有效的教师和平和、爱学习的孩子。

在这种思想意识的影响下，我以《0—8 岁儿童早期教育机构的发展适宜性实践》（ *Developmentally Appropriate Practice in Early Childhood Programs Serving Children from Birth through Age 8* ）（ Copple and Bredekamp 2009 ）为指导，提出了评价与支持教师的五项指导原则，而这些原则与教师对孩子的期望是一致的。

儿童教育及教师评价与支持的五项指导原则

当教师……时，儿童能得到优质的教育	当领导者……时，幼儿教师能得到优质的专业评价与支持
1. 创建儿童关爱共同体	1. 创建工作者关爱共同体
2. 促进发展与学习	2. 促进专业能力发展
3. 规划适宜的课程	3. 提供适宜的指导和资源
4. 评价发展	4. 评价专业技能和成长
5. 促进家园联系	5. 促进在学前教育领域的参与

Copple and Bredekamp 2009, 16–23

如果你认同书中的观点，这五项指导原则就有可能在实践中得到体现。然而，在正式进入评价与支持教师的这项重要工作之前，我们还得花点时间思考那些我们已经做得很好的地方，以及需要进一步改进的地方。

评价当前的实践

我们期望教师不断地反思当前的实践，以满足儿童多方面的需求。这对教育领导者来说同等重要。我们可以利用以下两种工具来检验您所在幼儿中心或学校的现状。第一个表（见第 8 页）是一个快捷的观察工具，可以用来评价教师的行为和做法。第二个表（见第 9 页）是自我评价表，可以帮助您评价自己的行为和做法。这两种工具的可复制版本都可以在附录中找到，工具上的项目与每个指导原则应该明确的行为和做法相对应，评价结果将显示您目前在遵循这些指导原则方面做得如何，以及您的行为和做法会影响评价和支持工作的哪些方面。

这些调查工具您完成得怎么样？首先，祝贺您在一些项目上回答了"总是"或"经常"，这说明您和您的机构正走在正确的轨道上。对于每个指导原则类别下的个别陈述，如果您回答的是"总是"或"经常"，说明您在实践中遵循了这些指导原则，请保持。

其次，专注于您回答"有时"或"从不"的项目。这些是需要改进的领域，说明在这些领域，您的评价和支持工作并没有得到一贯发展。要特别注意您的答案中特定指导原则下所出现的行为模式，看看哪个原则需要最大的改进。

最后，再来比较两个表中的回答，分析它们的相似之处。教师做什么和您做什么之间有什么联系吗？例如：教师们是否彼此倾听？您倾听他们吗？教师们是否理解并将机构的期望和目标具体化？您提供的方向明确吗？教师们评价自己的技能吗？您评价他们的技能并提供支持吗？

在行为和做法上形成了模式很可能是因为领导者在组织中树立了基调。再次思考平行过程。孩子们很难学到我们没有教的东西。如果我们没有给予明确的引导和支持，教师们也很难展现他们的最高水平。这不仅仅是榜样示范的问题，而是有意识地展示做什么和如何做的问题。如果您每天都和老师打招呼，那么他们更有可能互相打招呼。如果您对他们的具体表现给予肯定并评价他们的技能，那么他们更有可能知道自己的教学所带来的影响。

如果两次调查的答案不相匹配，说明您对教师行为和对自己行为的期望是不同的，或者您的良好意愿与支持这些意愿的系统相脱节。例如，几年前，我受邀在一家儿童中心针对有"行为问题"的儿童进行服务。这个儿童中心主要招收 4—5 岁的孩子，这些孩子注意力较差，经常发生争吵。尽管有特别的门把手防止他们打开门，他们还是想尽办法跑出去。中心主任特意为教师们开设了行为管理工作坊，但孩子们的行为并没有得到有效改善。主任表示，她对老师们无法解决孩子的这些问题行为感到失望。反过来，老师们也对主任和这群"问题孩子"感到难过。于是，老师们开始漠视主任关于调整儿童行为的建议，因为这些建议并没有起到相应的作用，甚至开始归因于家庭的贫穷，经常和家长来回打电话，互相指责没有完成好自己分内的工作。我刚来到这里时就意识到，我要帮助的除了孩子和老师，还有主任和父母。

经过观察我发现，儿童中心的课程是针对学步儿设计的，不适用于已经上幼儿园的孩子。该中心虽然已经从婴幼儿教育机构发展到学龄前儿童教

观察：对教师的评价与支持做得怎么样？

阅读以下表述，然后对老师们日常互动中的一言一行进行为期一周的观察。在每项陈述中选择适宜的选项（"总是""经常""有时""从不"），以正确描述教师的互动。

在我的机构中，老师们……	总是	经常	有时	从不
创造工作者关爱共同体				
1. 每天互相打招呼。	☐	☐	☐	☐
2. 微笑并给予积极的反馈。	☐	☐	☐	☐
3. 互相帮助解决个人的和专业上的问题。	☐	☐	☐	☐
4. 互相倾听。	☐	☐	☐	☐
促进专业能力发展				
5. 将专业发展中获得的新知识整合到原有经验中。	☐	☐	☐	☐
6. 知道如何评价、分析儿童的学习。	☐	☐	☐	☐
7. 清楚自己的教学效果。	☐	☐	☐	☐
8. 有组织、有目的地进行计划。	☐	☐	☐	☐
提供适宜的指导和资源				
9. 了解所在机构对质量的要求。	☐	☐	☐	☐
10. 理解并能明确表达所在机构的期望和目标。	☐	☐	☐	☐
11. 基于机构目标做出合理的教育选择。	☐	☐	☐	☐
评价专业技能和成长				
12. 评价自己的教学。	☐	☐	☐	☐
13. 探索、尝试新想法并进行评价。	☐	☐	☐	☐
14. 互相合作、鼓励，分享空间、材料和想法。	☐	☐	☐	☐
促进在学前教育领域的参与				
15. 互相指导。	☐	☐	☐	☐
16. 与早期教育专业团体保持联系。	☐	☐	☐	☐
17. 与同事分享他们的专业兴趣和热情。	☐	☐	☐	☐

自我评价：您对教师的评价与支持做得怎么样?

　　阅读以下表述，然后反思您的日常互动。在每项陈述中选择适宜的选项（"总是""经常""有时""从不"），以正确描述您的互动。

在我的机构中，我……	总是	经常	有时	从不
创建工作者关爱共同体				
1. 每天和老师们打招呼并给予积极的反馈。	☐	☐	☐	☐
2. 微笑，和儿童、家庭、同事共事时充满热情。	☐	☐	☐	☐
3. 为个人的和专业上的问题提供支持和帮助。	☐	☐	☐	☐
4. 帮助解决问题。	☐	☐	☐	☐
5. 倾听。	☐	☐	☐	☐
促进专业能力发展				
6. 对老师们的表现给予有针对性的肯定。	☐	☐	☐	☐
7. 当教学进展良好时给予反馈。	☐	☐	☐	☐
8. 当教学进展不顺时给予反馈。	☐	☐	☐	☐
9. 为集体和个人提供专业发展。	☐	☐	☐	☐
提供适宜的指导和资源				
10. 以多种方式沟通，明晰方向和目标。	☐	☐	☐	☐
11. 对结果的要求保持一致。	☐	☐	☐	☐
12. 利用反思性提问激发反思性实践。	☐	☐	☐	☐
13. 提供信息和资源。	☐	☐	☐	☐
评价专业技能和成长				
14. 评价课堂质量。	☐	☐	☐	☐
15. 评价教师技能。	☐	☐	☐	☐
16. 为教师技能的发展提供支架。	☐	☐	☐	☐
17. 鼓励教师坚持，即使是在遇到有挑战的工作时。	☐	☐	☐	☐
促进在学前教育领域的参与				
18. 帮助教师与早期教育专业团体保持联系。	☐	☐	☐	☐
19. 积极鼓励教师参与到中心的决策中来。	☐	☐	☐	☐
20. 分享教师的兴趣和热情。	☐	☐	☐	☐

室，却没有考虑为年龄较大的儿童选择适合其发展的适宜性课程。所以，现有的课程无法吸引和刺激幼儿，这一点我们从孩子的行为表现上可以看出。这些问题最终是由评价和支持体系问题引起的：在诠释幼儿发展方面缺乏明确的方向；没有评价针对幼儿的教学技能（主任不知道教师没有依据孩子的水平进行教学）；没有适宜幼儿发展的课程。问题不在于人，因为他们本来都想做正确的事，但却没有一个体系来帮助他们这样做。领导者也抱有良好的意愿，只是她的努力没有效果。如果您的观察和自我评价的回答差异较大，请考虑您所采用的做法和行为是否符合您的希望和意愿。

在实施评价和支持系统时，请不断反思您的实践、行为、意图、做法、系统以及老师的行为和做法。仔细琢磨本节的两种评价工具所反映出的优缺点和矛盾。在这本书的最后，您可以做一个改进计划。您甚至可以在实施接下来的几章的建议几个月后再重新用这两种工具进行评价，以了解自己已经获得的成果，并将重点放在指导原则上。

让你的学前机构拥有良好的支持与评价

支持和评价教师是你的责任，你可以利用五项指导原则来明确方向。现在，我想让你看清楚你所从事的工作——当领导者遵循每一项指导原则时，工作场所会给教师怎样的感受。这将有助于你进一步思考自己的工作和责任，希望它能激励你开始进行具有挑战和重要意义的评价与支持工作。

创建工作者关爱共同体

在得到支持的环境里，教师们相互了解彼此的个性、兴趣和能力，有机会解决问题与冲突，并相互沟通。在这种氛围中，不同的观点得到尊重，大家通过文字、面对面、电子邮件，在大群体、小团体和个别环境下自由交流。领导们应关注非正式场合表达的心声，像在停车场或职员室里的非正式交流，教师们也会因为能够检验自己的假定而感到轻松。没有八卦，大家互相帮助，共同促进儿童的学习。在一个工作者关爱共同体中，教育工作者可以自由创造，保持好奇心，发展自己的能力。

促进专业能力发展

在得到支持的环境里，教师们的表现得到了公平的评价，他们的拼搏和努力得到承认，他们也会因为积极的反馈和支架支持而持续进步。他们在真人身上或视频中看到了正确的示范。他们以培训等正式方式接收信息，他们也以非正式方式获取信息，如收信箱中关于他们一直思考的问题的讲义。培训不是千篇一律的。经验丰富的教师可能会因新的挑战而感到不安，如要花时间研究新的课程资料或指导新教师。新手教师有了明确的方向，可以掌握新技能，也无须承担太多决策上的负担，因而会受到鼓舞，不断努力与改进。

提供适宜的指导和资源

在得到支持的环境里，教师们有条理地进行工作，他们的工作有计划，并且他们能解释这一计划。他们知道儿童、家庭和机构的目标，知道自己在这个计划中的作用。这里没有意外，教师们在早期阶段就可以获知新的举措。他们虽然无法取消一项新举措，但可以决定如何执行它，他们的领导也会听从。随着讨论的进行，通过修改时间表或获得更多的培训，定期的评论和更新使每个人都处于动态的循环当中。可见，明确的方向可以帮助大家了解该做什么。

评价专业技能和成长

在得到支持的环境里，教师们了解观察和评价课堂的工具。这些工具可以用来评价课堂的动态以及教师的教学技能，包括非正式的检查单和正式的验证工具。任何情况下，教师们都需了解评价体系，利用它们进行自我评价，并将自己的观点与观察者的看法进行比较。教师们对评价体系充满信心。他们接受将观察或录像作为审查和增强技能的工具。他们了解自己的行为与儿童的学习、行为之间的因果关系。他们就如何改变教学进行深入的讨论，想办法让孩子们学到更多内容。他们知道评价的目的是为儿童制订学习计划，并为自己的专业成长制订规划。

促进在学前教育领域的参与

在得到支持的环境里，教师们不会感到孤独。他们意识到自己是专业活动中的一员，有机会参加各种正式的活动，例如在会议上与其他机构的同行交流。他们也可以在自己的幼儿中心或学校建立系统，分享想法或专业知识，例如在读书俱乐部阅读同一本关于婴儿活动的书，然后自由地分享想法。又或者是在一个正式的研究小组，在一年中每月召开一次会议，探讨共同的话题。教师们知道，他们的努力只是一小部分，还有更多的人在岗位上兢兢业业。

我希望这些描述能鼓舞人心。它们营造了一种人人努力工作、身心愉悦的工作环境。当评价和支持携手并进时，教师和所在的环境都将受益。更重要的是，孩子们也会受益。我访问并观察了许多幼儿中心、教育机构和学

乔恩：校长

校长乔恩先生正在观察阅读小组中的安娜（Ana）老师。

安娜正在阅读《金发姑娘》和《三只熊》。她开始读故事的时候，四岁的梅森（Mason）开始呜咽，安娜要求他停止哭泣，确保孩子们能够听到这个故事。但是，梅森没有停止，继续呜咽。安娜叫他去椅子上休息一会儿，冷静下来。在坐下来的过程中，梅森踢了旁边的拼图桌子，所有的拼图都飞了起来，让人恼怒。于是，安娜帮助他坐在休憩椅上，然后她回到小组，合上书，说："今天不读故事了，太多干扰了。"

乔恩没有过多关注安娜与梅森的具体行为，而是在意她对儿童阅读的看法。早期读写是学校的主要目标。他看到安娜好几次停止了阅读，他担心孩子们缺少受教育的机会，他们没有得到应有的教学。通过几次交流，乔恩明晰了安娜老师对阅读以及阅读中自己行为的看法，也谈论了安娜采取各种行动的原因。他们查看了孩子们的数据，看到他们的语言得分很低，表明孩子们需要更多的阅读。他们探讨了一个孩子不遵守规则就暂停全班阅读活动的后果。然后，他们开始有意识地进行计划。他们认为，不能停止阅读，并且要有选择性地帮助"搞破坏"的孩子。显然，这是一个简单而需要长期努力的过程。最终，安娜的技能得到了改善。这不是魔术。乔恩正在帮助她成为一名优秀的幼儿教育专业人员。

校。我可以通过走廊上看到和听到的来判断事情的进展。当教师严厉地对待孩子时，我知道教师并没有得到良好的评价和支持。当我看到考试成绩时，我知道教师应该得到哪种方向和需要上的支持。学生成绩差，总是伴随着成人的方向迷失和士气低落。相反，当孩子们获得好成绩时，教师们就会有一种平行的成就感。他们感受到工作的价值，对自己的能力也充满信心。

教师无法独立完成复杂的工作。他们只能寄期望于领导者以关怀、同情和坚定的方向感来支持他们的专业成长。

反思的问题

1. 回顾您在观察表和自我评价表中的回答。试想：作为一名评价和支持教师的教育领导者，哪些部分比较容易完成？哪些部分面临挑战？

2. 与您的职员讨论为教师提供优质支持的意义。思考：这对您的团队意味着什么？请列出具体行为和做法，并将其与本章描述的五项指导原则进行比较。

第 2 章
创建工作者
关爱共同体

本章导读

　　和谐友爱的环境是幼儿园教师专业胜任力发展的外在条件和内在需要。因此，促进教师与教师之间、教师与领导者之间建立积极的人际关系，不仅是学前教育机构领导者的重要职责，而且也是创建一个工作者关爱共同体的关键，更是有效评价与支持本机构教师的前提条件。本章着力探讨学前教育机构领导者创建一个工作者关爱共同体的七种方法，分别为：创造良好的工作条件、设定共同的议程、与教师建立专业的关系、鼓励合作的文化、有效地交流、示范关爱和同情、维持工作者关爱共同体。

　　第一，本章提出应从富有关爱地雇佣、公正地支付、制订合理灵活且可预测的工作计划、创建安全的物理环境和情感环境这几个方面为教师创造良好的工作条件；第二，教育领导者和教师应围绕日常工作制定共同的议程；第三，教育领导者应与教师建立专业的关系，即基于共同的职业目标所建立的关系，而不是基于共同的兴趣或个性所建立的关系；第四，教育领导者要积极鼓励教师与教师建立合作关系；第五，教育领导者应通过提出明确的期望、寻找多种交流方式、经常交流、倾听教师、欢迎教师反馈并提供周到的解决方案、给予肯定等与教师进行有效交流；第六，教育领导者有责任示范关爱和同情，以解决教师之间的人际冲突问题；第七，教育领导者必须持续维护一个工作者关爱共同体，持续培养积极的人际关系，不断加强和支持共同的专业目标，并保持积极的交流与沟通。在上述方法的解读过程中，重点阐释了每种方法所涵盖的基本要点，并辅以相应的实践案例来加以分析说明，以帮助学前教育机构领导者理解并学会使用这七种方法，为所在机构创建一个工作者关爱共同体。

本章结构图

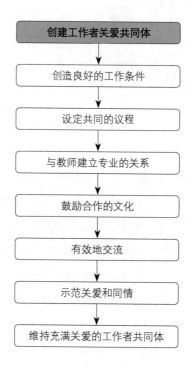

学前教育机构的管理者需要负责监督机构的运营，同时，还要能够领导机构的保育和教育工作。学前教育机构的管理者应能够创造一个充满关爱与合作的工作场所，以彰显个人的尊严、促进专业满意度、示范积极的工作关系。

——全美幼教协会（NAEYC），《全美幼教协会道德行为准则：关于学前教育机构管理者的补充说明》（*NAEYC Code of Ethical Conduct: Supplement for Early Childhood Program Administrators*）

我们期望幼儿园教师能够在班级里创建一个充满关爱的学习共同体。那么，与此相对应，教育领导者也需要创建一个工作者关爱共同体。在对教师展开评价之前，学前教育机构必须能够建立起工作者关爱共同体，因为只有当机构的领导者能够与教师建立信任关系、确保教师感受到安全时，教师评价工作才能有效地进行。学前教育机构的领导者可以通过一系列方式来建立工作者关爱共同体，如创造良好的工作条件、设定共同的议程、建立专业的关系、形成合作的文化、进行有效的沟通、示范关爱和同情。通过建立工作者关爱共同体，教师与教师之间、教师与领导者之间都能够建立积极的关系。这样，教师和领导者之间便能够紧密团结起来，共同为提高学前教育的质量而奋斗。

创造良好的工作条件

工作条件主要包括物质和情感两个领域。在物质条件方面，主要包括公平的酬劳、干净和安全的环境、合理和灵活的工作日程。在精神条件方面，主要指安全的情感环境，包括使用尊重的行为和语言，规避卑劣和批判等不良行径。创造良好工作条件的第一步开始于教师正式成为员工之前——招聘阶段。

富有关爱地雇佣

雇佣是创建和支持充满关爱的工作团队最重要的一步。学前教育机构所招聘员工的质量和能力将深深影响着整个团队。一名新教师既可能有助于也可能有损于工作者关爱共同体的建立，因为新教师可能具备适宜的能力并能顺利地融入，也可能与此相反。如果学前教育机构领导者知道自己没有时间或耐心去辅导无经验的入职申请者，那么领导者便不能雇佣没有必备能力的申请者，即使申请者具有很令人欣赏的个性。

学前教育机构领导者可能会因为申请者的良好个人气质而决定雇佣该申请者，即使该申请者的专业能力很薄弱。这种情况其实通常发生在机构需要招聘一名母语非英语的教师时。这类教师可能是良好的共同体伙伴，能够与幼儿和家长进行良好的工作，但是却不具备良好的语言能力。在这种情况下，需要为该类教师提供适宜的专业发展机会，以帮助其变得有效和自信。因此，如果学前教育机构领导者能够有效地帮助该类教师，那么该类教师就能够成为共同体中有益的一员。

在学前教育领域，我们往往倾向于慷慨并愿意相信他人，在招聘过程中往往会遇到一些缺乏技术资格或专业行为的申请者。如果领导者想知道该申请者是否能够进入自己的团队工作，可以听从自己的感受，自己的感受往往是对的。

公正地支付

当教师被雇佣以后，学前教育机构领导者应该能够尽可能公正地支付其薪酬。在泰里·塔兰（Teri Talan）和宝拉·乔德·布鲁姆（Paula Jorde Bloom）研制的《学前教育机构管理量表》（Program Administration Scale）中，优秀的学前教育机构需要拥有公平的薪级表，同时还要拥有补偿方案，如每年提供 12 次病假、15 个或更多的休假日。学前教育机构领导者可能无法设置本机构的工资或福利，但是可以关注和参考当地的薪酬标准。当然，幼儿园教师也会明白自己的工作并不属于能赚大钱的行业，但是他们应该获得公正的待遇。

工资问题在早期儿童教育领域是一个富有争论和令人痛苦的问题（Zaslow 2011）。学前教育机构领导者应该利用自己拥有的资源，尽可能地为本机构的教师提供公平的工资，同时还应在公共政策层面寻求更加长远的解决方法。

制订合理灵活且可预测的工作计划

照顾幼儿是学前教育工作的重中之重，而为幼儿提供一致的教师和一致的照顾则是学前教育工作的重要任务。因此，学前教育机构领导者应该与教师一起设置可预测的工作时间表；当工作时间表确立后，领导者应该理解时间表的灵活性，以适应教师的生活和家庭。时间表的灵活性和合理性也表达了机构领导者对教师的信任，以及对教师在机构外生活的尊重。

学前教育机构的领导者可以找到各种方式去灵活适应教师的工作流程。例如，当某教师需要提前离开时，机构领导者便可以减少该教师在一天中的休息时间，或者可以将该教师负责的班级与其他班级合并，或者让管理者暂时代理一下等。这些解决方案需要公平、开放地执行，这样能使每个人都感受到自己也有机会享受该权利。领导者可以这样说："今天，苏西（Susie）需要提前 20 分钟离开，我会代替她管理这段时间的班级，正如我上周代替塔米（Tammy）管理班级一样。"由此可见，确定时间表并灵活调整计划，可以确保教师和管理者相应地计划自己的时间。

创建安全的物理环境和情感环境

清洁和安全是对幼儿教育场所的基本要求。同样，成人工作场所，如员工的房间、浴室、办公室等，也应该是清洁和安全的。教师需要拥有一个地方放置个人物品和成人家具。每个人都需要对维护环境承担责任，但是保护环境并非教师的工作。学前教育机构的领导者需要关注工作环境，并能够对工作场所进行必要的维修和保养。

学前教育机构的社会环境同样有助于教师安全感的建立。其中，闲聊和紧张都有助于工作场所的发展。教师与同事、与家长紧密地合作，彼此分享各自生活的亲密细节。机构领导者应该表达出自己所期望的工作场所中的积极行为，并监督本机构的各种氛围，如投诉、负面评论、欺凌或传闻等，以秘密地、及时地解决该问题。

设定共同的议程

所有的教师都希望幼儿做得好，同样，所有的领导者也希望教师能够做得好。作为工作共同体，领导者和教师在这一点上基本能够达成共识。这也是设定共同议程的第一个假设：每个人都希望自己服务的对象（教师或幼儿）做得更好。例如，教师需要遵循学习标准开展工作，因为这有利于幼儿；教师和领导者需要遵循道德行为准则开展工作，因为这有利于幼儿、教师、家庭以及管理者。这些都是学前教育工作的巨大动力。

除此之外，我们还要重点关注日常的工作。有时候我们拟定的目标太远、太宽泛。例如，当询问教师希望幼儿获得什么时，他们可能会说希望每个幼儿都能拥有一个快乐和健康的未来。这种希望是没有任何问题的，但是幼儿园教师无法控制幼儿在未来的许多年月。因此，领导者和教师有必要围绕大家的日常工作设定一个共同的议程。作为一个专业共同体，领导者和教师在此后便能围绕该议程团结一致，共同寻找具有创造性和有效性的方式去实现议程里所拟定的工作目标。

为了设定学前教育机构的工作议程，领导者需要思考自己期望机构应该发生哪些事情，如每天、每小时。同时，领导者需要询问员工他们期望机构发生些什么。领导者可以使用下表左侧中的问题帮助自己和员工建立议程项目。表格右侧对列举的这些探索性问题进行了回应，并列出了相关的示例目标。如果这些想法看起来很接地气，那就对了。领导者和教师都很忙，而我的目标便是使领导者能够制定出符合实际的工作议程。

设定共同的议程

问题：我们想要什么？	答案：我们的议程
在入园时间、用餐时间、圆圈时间、离园时间，我们希望看到什么？	我们希望平静地用餐和交流。在用餐时间所有成人都需与一组幼儿一起坐在桌子前。教师为幼儿准备食物，并与幼儿进行交谈。
在这些时间里，我们如何使自己的工作变得富有成效或更容易？	在成人和幼儿坐下之前，必须要将食物准备好并置于桌子中间，同时还应备好餐巾纸，以及时清理用餐时溢出的食物，这样也可保证教师能够时刻留在桌子前。
我们期望幼儿学习什么？（遵循国家的学习标准、家长的要求、幼儿的兴趣）	我们将会审视国家的学前教育标准，关注幼儿的社会情感发展，尤其是"口头分享感情的能力"。我们每周将使用一次自己购买的社会情感课程开展活动，使用课程里的技巧来增强幼儿的社会情感能力。
我们团队喜欢什么样的沟通方式？我们是如何坚持的？	每周一将会有一次15分钟的会议。三周后我们将会评价正在发生的变化，并确定是否需要做出调整。

当学前教育机构的领导者与教师设定了共同的议程时，他们应该明白教师们希望领导者能够一贯地坚持和支持这些议程，以促进幼儿的学习与发展。有时，领导者可能会认为自己与教师一样，将促进幼儿的学习与发展视为了共同目标，然而在实际中领导者很难落实这一目标。例如，为了促进教师的发展，领导者可能会派遣教师参加最佳学步儿教育实践（best practices for teaching toddlers）的培训，但是如果领导者设定的班级师幼比例过小的话，那么便会妨碍教师将自己学到的培训知识落实到实践中。再如，参加了一个关于学前儿童读写的工作坊后，教师可能会带回一系列的新想法，如让每名幼儿都能获取图书以实现读写的目标，但是如果领导者制定的机构制度中规定，除了故事时间外所有的图书必须放在高高的书架上，那么教师学到的这些新想法将永远不可能被应用于教育实践。造成共同议程与促进幼儿发展的目标不一致的原因可能有以下几种，例如，领导者没有与教师一起参加该工作坊，没有学习到什么是最佳实践，所以有可能很难支持教师的新想法；或者，出于经济考虑，领导者希望节约资金，因为雇佣的员工越少意味着支出越少。对于上述任何情况，当教师发现团队的目标与自己每日工作的目标相矛盾时，便会产生负面情绪和不信任感，不利于形成工作者关爱共同体。

与教师建立专业的关系

一个学前教育机构便是一个充满各种关系的集体，包括幼儿与成人之间的关系、幼儿与幼儿之间的关系以及成人与成人之间的关系。多重的关系使得学前教育机构中充满了感情的氛围，在这一分钟内充满笑容和快乐，而在下一分钟便可能产生尖叫和哭泣。正如教师为了支持幼儿的学习与发展而与幼儿建立关系一样，教育机构的领导者也必须能够与教师建立关系，以更好地促进教师的专业成长。并且，这样做有助于建立相互之间的信任，而信任也是创建一个工作者关爱共同体的要素。

有时候，"关系"这一词语在学前教育机构里容易被误解。建立关系被解释为领导者与教师成为朋友，并在快乐的时光中或相互交换节日礼物中建立关系纽带。但是，这种关系并非作者所指的关系。学前教育机构的领导者需要与教师之间建立专业的关系，而不一定是个人的关系。专业的关系主要指基于共同的职业目标所建立的关系，如之前所论述的共同议程，而不是基于共同的兴趣或个性所建立的关系。

在作者第一次从事教师训练工作时，一位初级教练曾与我讨论建立关系的时间问题。她说道："我觉得我花了六个月的时间去建立关系。那时，已经是三月了，大部分的学校时间都结束了。在此前的时间，我很友善并提供了许多资源。有时候我通过课堂教学来示范最佳教育实践，甚至在一段时间内为教师提供了拿铁咖啡。教师们都说我真的帮到了他们，但是，我并没有在教室里看到很多变化发生。"

资源和拿铁咖啡是不够的。而且，等到三月才与教师建立专业的关系，这对幼儿的发展来说是不能被接受的。建立关系的目的是帮助教师更好地教育幼儿，如果没有这个目标也就不会有这个结果。作者相信教育机构的领导者在第一天便能够与教师建立起专业的关系，即使他们之间没有建立友谊。当然，领导者可以对教师友好，但是，领导者必须要基于共同的职业目标去建立关系，而不是建立个人的关系后再追求共同的职业目标。

莫妮克：教育协调人兼教练

莫妮克被分配去训练教师吉尔（Jill）。吉尔起初有点抵触。她感到新的读写辅导计划只是一种新潮流，很快就会被其他新想法取代。自己班级的所有幼儿似乎都发展得很好，她感到没有必要花时间和莫妮克讨论自己的班级。在过去的三年时间里，吉尔和莫妮克在日常工作中基本上都是相互忽视的。莫妮克对于如何与吉尔建立关系以开始紧密的合作感到焦虑。

莫妮克所接受的教练培训中有清晰的方案可以支持教师，并帮助他们成为尽可能有效的教师，这个方案是：观察幼儿的数据、提出问题，并进行聆听。这也是莫妮克所做的工作。在刚开始辅导时，她们便开始观察幼儿的数据。莫妮克在教室观察时拍下了幼儿的视频，她和吉尔并肩观看所拍的视频，并肩反复察看幼儿的评价结果。事实上，她们很少坐在彼此的对面。她们总是肩并肩地坐着，脑袋挨在一起，共同察看幼儿学习的数据。这便是莫妮克与吉尔建立专业关系的方法。她们关注的焦点是幼儿，而不是彼此和她们的个性。这种关系并不是关于莫妮克和吉尔的，而是关于孩子们的。

将数据作为建立关系的基础

基于关系的互动能够立即形成，而不需要等待关系自己建立。莫妮克和吉尔的故事尽管看起来简单，但是实际上并不简单。莫妮克与吉尔建立了专业的关系，她是通过使用具有实践性和有效性的策略来建立的，即莫妮克将数据作为建立专业关系的基础。

早期儿童教育中的数据是什么？这里的数据主要指我们所了解的关于幼儿、班级环境以及与幼儿的教学互动等有关的一切。学前教育机构领导者需要使用这些数据与教师建立富有成效性和合作性、聚焦于问题解决的对话。以下是学前教育机构领导者在建立专业关系时可以使用的相关数据案例。

* **儿童观察记录**。这些观察记录描述了幼儿做了什么以及没有做什么。最简单的观察记录项目是观察者记录在班级看到幼儿做了什么。学前教育机构的领导者可以和教师一起分析观察记录并尝试找出相应的教育模式。例如，如果领导者与教师比较下列两份关于圆圈时间的观察记录，领导者和教师可以识别出这两者之间的差异，推理原因，并提出解决方案，从而为幼儿建立更加一致性的圆圈时间。

  —圆圈时间，所有幼儿都专注于教师所讲述的故事。有几名幼儿回应了问题并对图片发表了评论。圆圈时间有 10 分钟。

  —圆圈时间，有些幼儿并不关心教师所讲述的故事。有几名幼儿站起来并走开了。有一名幼儿对图书里的图片发表了评论。圆圈时间有 25 分钟。

* **照片或幼儿的作品范例**。幼儿的作品范例可以是图画、涂鸦或书写样本、手工制品、口述或幼儿在积木区搭建的作品照片。学前教育机构的领导者可以与教师一起将幼儿的作品与该年龄段的学前教育标准或为每名幼儿制定的具体目标进行比较。这样，机构领导者便能够帮助教师想出相应的办法，以更好地帮助每名幼儿获得更高水平的发展。

* **儿童行为的视频**。这里的视频只需要 3—10 分钟，显示出幼儿行为的情况即可。学前教育机构的领导者可以和教师一起观看视频，并讨论

乔恩：校长

　　乔恩在圆圈时间拍下了幼儿的阅读视频。在圆圈时间开始的时候，教师并没有准备好要阅读的图书，并花了3—4分钟时间寻找图书。当教师找到要阅读的图书时，已经有3名幼儿离开了圆圈。在阅读图书时，有几名幼儿注意力分散了。阅读的故事非常长且很复杂。乔恩只录下了阅读期间幼儿行为的视频，并没有录教师的行为。当乔恩与教师一起观看视频时，他们共同讨论了幼儿的行为，讨论的问题包括："孩子们在做什么？""他们为什么这样做？"通过关注幼儿的行为，教师并没有感受到自己是被批评的目标。这使教师能够接受，并愿意观看自己在该场景中的作用。观看幼儿行为的视频有助于教师解决视频中幼儿的行为问题。教师该如何做才能以积极的方式改变幼儿的行为呢？为此，教师自己找到了解决方案：提前准备好要阅读的图书，要选择幼儿容易理解的图书，花时间并用道具来解释词汇，以帮助幼儿来理解。该故事表明乔恩有效地利用数据建立起了专业的关系。

视频中幼儿的行为。

◆ **儿童的评价结果。**该结果可能是观察工具或标准化评价所给出的分值或级别。这两种评价相辅相成，也是全面了解幼儿学习与发展所必需的。学前教育机构的领导者可以与教师一起阅读幼儿评价结果，共同欣喜于幼儿所取得的进步，也可以与教师一起制订教学改进计划，以更好地促进幼儿的学习与发展。

　　学前教育机构的领导者应该能够使用自己所掌握的所有数据，如幼儿的发展、学习以及行为等，这样才能够与教师产生丰富的对话，也能够创造机会与教师一起共同解决专业问题。在这种情况下，领导者与教师将大脑放在了一起，面对共同的专业议程。并且，领导者与教师正朝着共同的方向前进。正是通过这些丰富的对话与互动，即使领导者没有与教师建立友谊，但是两者之间也将能够建立起富有成效的专业关系。

将自己置于教师的心中

　　除了使用数据，学前教育机构的领导者还可以通过预测教师的需求，并将自己置于教师的心中来建立专业关系。如果学前教育机构的领导者在过去从事过教师工作或与教师一起相处过，那么对于这一概念可能会非常熟悉。有效的教师会不断地将自己置于学习者的心中。在开展工作前，他们都需要进行计划，如思考：什么样的能力或知识是幼儿需要学习的？哪些是稍微重要的？哪些是重要的？哪些是绝对必要的？在与幼儿一起时，他们实施教育活动，并不断地做出调整。他们也会思考：幼儿是如何反应的？在一天或一节课结束时，他们反思的内容也是关于幼儿的，如：今天发生了什么？幼儿的学习目标实现了吗？

上述行为也同样适用于支持教师发展的教育机构领导者。在课堂观察结束后，领导者在与教师一起开会和交流时，需要询问自己以下问题：教师是如何反应的？怎样保持教师的参与？我该如何调整自己的行动和行为以促进教师更有意义、更丰富地参与和贡献？当前的情况是否实现了学前教育机构的目标？教师的目标是否已经达成了？将自己置于教师的心中是非常困难的工作。这是一种知识工作和关系工作，也是一种思想和感受的工作。教学被称为基于关系的工作，而领导也是一种基于关系的工作。当领导者预测并满足教师的需求，便建立了信任，培育了与教师之间的专业关系，有助于让教师感受到自己在专业发展上得到了支持。

鼓励合作的文化

一个工作者关爱共同体并非仅仅指学前教育机构的领导者与教师建立的积极关系，也指教师与教师之间的关系。学前教育机构的领导者有责任促进教师之间的关系。这与教师有责任促进幼儿之间的合作十分相似。

另外一种鼓励合作的方法是进行团队建设活动，作者建议的并不是耗时

莫妮克：教育协调人兼教练

莫妮克有一个有助于促进教师合作的策略。她将有经验的教师和新教师组成团队，创建了"伙伴制度"（buddy system）。这种方式为教师之间的互动创造了许多机会，如在资源室里寻找材料或分享教学想法等。

的游戏，而是针对专业兴趣和能力开展的活动。这类活动有助于个体认可彼此的专长，促进教师的专业尊重和共同体感。这些活动最好在正式会议之前作为短暂的预热来进行。以下是在与幼儿进行"思考、配对、分享"活动之后所进行的团队建设活动案例。

1. 向教师集体提出一个问题，例如："在过去的两周时间里，你曾经进行过哪些有趣且富有教育性的早期读写活动?"允许教师花几分钟时间考虑这个问题。
2. 请教师们进行配对，并一起讨论这个问题。
3. 请各对教师在集体面前分享自己的答案。

学前教育机构的领导者可以使用多种方法营造教师合作的文化，其中的关键是使教师能够共同工作。

有效地交流

"人的问题"常常是交流的问题。通常情况下，个人都会以自己的视角来解释他人的信息，但这可能无法正确解释出他人的意图和含义。这便可能造成误解或误读，伤害人际感情并使关系紧张。交流一直都是双向的过程。某人表达出某些信息，而其他人则接收到信息。所以，说话者的意图和聆听者的理解必须能够匹配。

我们交流的方式有很多种，如通过口头的和书面的方式进行交流。此外，我们有时候还使用肢体语言进行交流。但无论如何，学前教育机构的领导者必须能够仔细地进行交流，以建立信任感并促进富有关爱的工作者共同体的形成。

提出明确的期望

学前教育机构的教师需要知道领导者对自己所抱有的期望。如果领导者只是猜测教师已经知道自己的期望，那是非常危险的，因为，领导者认为教

乔恩：校长

乔恩为学前班购买了一套新的课程。这套课程非常贵，他期望该课程能够成为教师的宝贵工具。为此，他提供了课程培训，并表达了自己"希望"（hopes）教师们能够热情地使用该套课程。然而，教师们并没有使用该课程，乔恩开始变得沮丧，并对教师们不致力于专业工作进行责问：为什么要忽视自己的努力和花费的费用呢？

乔恩对这一问题进行思考后开始意识到，自己仅仅表达了对课程的"希望"，而并没有明确地声明自己对使用该课程的"期望"（expectations）。当乔恩更加直接地表明自己的期望后，这一问题得到了很好的解决。

师应该知道的与教师实际知道的大不相同。

以下是学前教育机构领导者以不明确和明确的方式表达期望的区别。

◆ **不明确的期望**："该课程是本学区的新计划的一部分。这套课程非常昂贵，并得到了很好的评价。我希望它对你们有用。我知道该课程对幼儿的发展是有好处的。让我们对它的效果拭目以待吧。"

◆ **明确的期望**："该课程是本学区的新计划的一部分。这套课程非常昂贵，并得到了很好的评价。我希望它对你们有用。我知道该课程对幼儿的发展是有好处的。现在该课程的培训已经结束了，我们需要去落实。我们需要使用该套课程，而不是把它当作一种选择。在第一阶段，我们需要在三个月内落实该课程。我会每两周来一次，观察该课程在班级的使用情况。我们将会见面并讨论该课程进行得如何。同时，我们可能需要对该课程做出一些调整。当然，我将会支持你实施该课程，我们会共同将课程落实好。"

你看到了上述两段话在音调和词语上的区别了吗？当有了明确的期望后，领导者的目的便会变得透明——学前教育机构没有隐藏的共同议程。这些话语虽然有些长，但是很直接和明确。

寻找多种交流的方式，并经常性地交流

成功的组织机构都会使用多种方式进行交流。交流需要在大集体、小组以及个体等层面正式地进行。交流还需要以书面或当面沟通的方式进行。当交流不明确时，谣言便会通过小道消息传播。有时候，这些谣言会通过"停车场闲谈"、教育机构外的聚会等途径进行传播。这正如传统的电话游戏那样，疯狂的想法可能以这种方式产生和传播，从而造成焦虑和不好的感受。这些情况破坏或阻止了富有关爱的工作者共同体的形成。如果教育机构的领导者不能明确地向教师传达自己的信息，教师可能会以自己的想法和解释去猜测领导者的意图。

以下是一个直截了当的交流系统，也是作者鼓励机构领导者尝试的交流方式。

- ◆ **在大集体和小组会议中进行口头交流**（每两周一次，每次 30—45 分钟）。学前教育机构交流计划中的很大一部分应该是定期的面对面集体会议。定期会议是分享信息并从繁忙的班级中有计划地抽出时间进行休整的一种重要方式。这些正式的集会值得投入时间和金钱，因为它们为分享信息和交流变革提供了机会。同时，它们也是讨论挑战、提出解决方案、共同进行计划的好时机。学前教育机构的领导者可以根据本机构的员工数量和班级数量考虑采取每两周进行一次班级层面的会议，每个月进行一次全体员工会议。

- ◆ **使用口头和书面的形式交流正式的目的，如分享政策或新的指令**（当有新的政策或指令出现时应尽可能地分享）。对于同一种信息，两种形式的交流均要使用，以增强该信息的重要性。

- ◆ **以书面形式同全体员工进行交流**（每两个月一次）。每两个月一次，向集体发送关于学前教育机构情况的邮件或小册子，以使每个人都处于状态之中。

- ◆ **与个人进行口头交流**（每天都要进行）。这种非正式的交流看起来每天都可以发生。学前教育机构的领导者需要与每位教师进行亲密的接

触，即使只是突然进入教室向教师打声招呼。此外，与教师进行正式的短时间一对一会议也是保持交流畅通的一种良好方式。

◆ **与个人进行书面交流**（每周一次）。与教师个人进行定期的交流也是一种有益的方式，有助于检查和跟踪一些与集体无关的具体问题。下页是每周交流表，可以在纸上或邮件中使用。在本书的附录中能够找到该表的可复制版本。

对电子邮件、短信以及各种社交媒体工具，哪种才是工作环境中最适宜的交流工具，人们存在一些困惑。领导者需要决定自己将要使用哪种工具，并且一贯地使用。电子邮件可以让领导者发送自己想要向教师表达的肯定，而不需要进行面对面的交流，就像写感谢条或给某人写贺卡一样。但是，领导者最好不要使用电子邮件（和短信）表达自己的关心。此外，电子邮件不能给予足够的语境，容易造成别人对信息的误解。而且，电子邮件并不是一种反馈工具。

为了尊重职业界限，学前教育机构的领导者最好不要在脸书（Facebook）或其他社交媒体上与教师成为好友。

听和说

听和说是交流的要素。其中，听可能是交流中最困难的一部分，因为它需要沉默。但是，不说出自己的想法有助于我们注意到他人所说的话。个人所说的话语对了解情况真的有意义吗？

除了课堂上的挫折和挑战外，教师必须能够有机会表达自己的担忧，并且这些担忧要能让机构领导者听到。领导者听到教师们的这些担忧后，需要询问自己：这些教师需要我做什么？领导者除非能够仔细地聆听教师，否则很难知道教师是否只是简单地需要鼓励或是需要更加强烈的支持。

学前教育机构的领导者不需要自己了解一切，这是一件好事。这种态度解放了机构领导者，让领导者能够基于教师的反馈尝试新的事情，改变自己的想法，因为教师可能会提出有利于每个人的教育政策与实践改革建议，还有可能会对某问题提出自己的不满或表达自己的担忧，而这些可能都是机构领导者所没有考虑到。聆听教师们的想法并不意味着领导者需要立即做出

每周交流表

致：_____ 日期：_____

来自：_____ 地点：_____

本周对我有意义的事情或认知：

关注和建议：

我想让你知道的事情：

我需要你帮助的事情：

萨拉：中心主管

　　萨拉和教师玛丽（Mary）正在讨论午餐时间的问题。近来，幼儿在午餐开始时，习惯于用勺子敲桌子，玛丽对于四岁幼儿的这一新习惯感到非常沮丧。而且，一旦某个孩子开始敲桌子，便会引起连锁反应。在敲打的时候，孩子们还会大声笑，这些声音震耳欲聋，场面似乎无法控制。对此，玛丽责备了孩子们的这种行为以及带头的那个"讨人厌的小男孩"。为此，玛丽希望萨拉能够将此事立即告诉小男孩的家长。玛丽在说的时候，萨拉希望能快速地帮助她，并准备开始提出解决方案。但是，萨拉注意到玛丽说出"是，但是"的话语，于是停止了自己想说的冲动。萨拉沉默下来并仔细聆听玛丽的表达，起初看起来似乎很尴尬，玛丽继续表达了自己的不满，但在一段时间后她也停止了。玛丽停下来后，自己提出了两个方案来解决进餐时的问题，即：等餐食都准备好以后再让孩子们坐到桌前，同时让带头的那个小男孩承担分配纸巾的任务。由此可见，聆听是非常有价值的。它使得玛丽做出了自我反思，并自己找到了解决问题的方法。

回应，很多时候，在回应之前，等待才是最好的。一天或一周的等待时间是必须的，这样领导者才能对想法或不满做出一些思考，或者找到解决方案。领导者聆听教师们的想法、不满和担忧时，需要确保自己能够保密，并避免一些负面的交流。然后，领导者要确保自己在一天或两天内回应相应的教师，让他们知道领导者正在考虑他们的想法。如果教师们的想法不可行，那么领导者需要将原因一并告诉他们。

乔恩：校长

　　由于学校对面的公寓已经成为难民安置中心，今年朱丽叶（Julie）老师的班级将拥有 10 名非英语语言背景的幼儿。这对朱丽叶来说完全是新情况，她想把工作做好，但是又不确定如何去做，因此非常担心。事实上，即使朱丽叶已经具有 10 年教学经验，但这种情况却完全需要拥有不同的经验才行。作为朱丽叶的校长，乔恩在学年开始前与朱丽叶进行了会面，以了解朱丽叶的感受。乔恩聆听了朱丽叶的担忧，他非常认同朱丽叶所说的新挑战，并与朱丽叶一起制订了材料和培训计划。此外，乔恩决定每周去朱丽叶的班级一次，观察和追踪朱丽叶的情况。这样，朱丽叶不需要自己一人去应对该挑战，她终于放下心来。

欢迎反馈

学前教育机构的领导者需要明确地表达自己欢迎大家的反馈，并向教师们展示自己如何优雅地接受他们的反馈。领导者需要邀请教师当面或以书面形式向自己提出反馈。有些教师可能会做得很好，但其他教师可能没有太多给予反馈的经验，所以可能会做得很笨拙。学前教育机构的领导者决定欢迎教师们的反馈后，便可能会听到一些自己不喜欢听到的事情。对此，领导者需要勇敢起来，要表明自己是工作者共同体的一部分，教师们反馈的信息并不是什么值得担心的事情。此外，领导者需要在员工大会上报告自己所收到的任何疑虑或肯定，这样每位教师都能够同时听到自己的反馈。

给予反馈并提供周到的解决方案

领导者对教师的工作和想法给予反馈至关重要，这项工作需要细致地进行。有效的反馈向教师们表明了领导者在关注他们，可以证明领导者是值得信任的，有利于领导者创建富有关爱的工作者共同体。反之，如果领导者给予了无效的反馈，将会制造不信任感和恐惧感，教师会质疑领导者的意图，这也会让领导者显得缺乏关爱和同情心，从而破坏工作者关爱共同体的形成。

给予反馈的目的是帮助教师进行反思，这样教师们便能提高自己的工作水平。为了给予有效的反馈，学前教育机构的领导者必须与教师们一起对反馈的过程形成共同的理解。例如，教师们需要知道接收反馈并合作处理反馈是他们的工作目标之一。领导者也需要遵循相应的规则，因为规则将带来积极的结果，有助于教师提高自己的工作水平。

◆ **直接，但不要评判。** 学前教育机构的领导者可能会思考：在向一位教师做出反馈时该如何避免给出评判？这个问题的答案是不要对教师个人做出评判。作为一位反馈提供者，领导者只需要简单描述与早期儿童教育标准相联系的行为即可，而不需要表达该教师是好还是坏。领导者做的是将教师的行为与标准进行比较，并帮助教师识别出这些行为是否符合学前教育标准。这种方法有助于教师反思自己的行为，并自发决定进行变革，提高自己的水平。

◆ **不要仓促地给予反馈。**学前教育机构的领导者需要进行准备。给予的反馈需要提前安排和计划，并且要配有相应的证据支持，如观察记录或视频。领导者需要知道被反馈教师的性格，并准备好反馈什么以及如何反馈。反馈的地点应该是安静的，没有干扰的。

◆ **使用友好的语气，并邀请被反馈者提出疑问和做出解释。**一个好的策略便是在反馈开始时肯定该教师正做得越来越好，被观察到的行为和行动都是积极的。让教师知道领导者乐于并鼓励其对反馈信息做出回应。

◆ **仔细选择自己的话语。**学前教育机构的领导者所选择的话语至关重要。领导者应该尽量避免使用标签或评判词语（如：好、坏、普通）以及极端的词语（如：总是、糟糕），而是要尽量使用聚焦于行动的词语，例如"当我看到……"，或者"当幼儿……"。

◆ **表现出同情心，同时保持专注和坚定。**被反馈的教师可能会有意或无意地转移话题，领导者需要聆听并理解，但最重要的是要将对话转移回主要任务上。

领导者给予反馈后的理想结果是被反馈教师能够自己找到解决问题的方案。教师将会体验"啊哈"时刻，从而获得顿悟，并做出变革。如果这个魔法时刻不能自发地产生，领导者便有责任为教师提供明确的变革计划，并帮助教师制订改进计划的步骤清单。而最终的反馈结果还需要教师和领导者能够对接下来的改进计划达成一致性认同。

莫妮克：教育协调人兼教练

星期二，莫妮克观察了一个小组科学活动。在圆圈时间后，六位学前幼儿在詹金斯（Jenkins）先生的带领下来到指定的桌子前。他的课堂计划要求开展的主题是冰的融化与变成水。为此，他在托盘中放了一些冰块以及一个滴管，并快速地向幼儿们解释了冰块将会在温暖的空气中融化。此后的十分钟时间里，詹金斯便让幼儿自己操作冰块。孩子们开心并欢笑着，但是莫妮克却担心幼儿无法在这个小组活动中学习到更多内容。为此，她期待着第二天的情况汇报。以下便是他们交流的内容和过程。

莫妮克：嗨，詹金斯先生。谢谢你能够准时到达。今天过得怎么样？

詹金斯：非常好，谢谢。我有点儿累。我的宝宝晚上都不睡觉。

莫妮克：是啊，当这些宝宝长牙时便不睡觉。[微笑。]我想花几分钟时间与你交流一下昨天你进行的科学课，并给你一些反馈。

詹金斯：好的。但是，我必须要在15分钟内回到我的班级里。

莫妮克：没问题，我们将在15分钟内说完。你对昨天的课感觉如何？

詹金斯：很好呀，孩子们拥有了一个奇妙的时刻。

莫妮克：孩子们确实是这样。他们很开心。他们喜欢感受这些冰块。

詹金斯：是啊！

莫妮克：你觉得他们学到了什么呢？

詹金斯：[沉默。]嗯，他们了解了融化。

莫妮克：[打开学前教育标准。]你想帮助孩子们发展哪个指标？

詹金斯：[浏览学前教育标准并犹豫。]发展他们的"使用科学探究技能"？

莫妮克：你认为哪一项技能他们实践得最多？

詹金斯：可能是"问题解决能力"吧？坦白地说，我认为他们在这些技能上做不了很好。孩子们只是很享受这个活动。

莫妮克：我在想，仅仅快乐还不够。我们上周观察孩子们的词汇水平时，发现他们的水平还相当低，你还记得吗？你认为应该怎样才能让孩子们学习到更多内容呢？

詹金斯：你知道，我有一本书，可以预先阅读，帮助孩子们做准备。这很简单，但是解释融化的过程却不容易。我也能够问孩子问题。

莫妮克：是啊，是从课堂互动评价系统（CLASS）培训中获得的促进幼儿概念发展的一系列问题吗？

詹金斯：是的，这些问题会很有用。

莫妮克：让我们一起快速地浏览一下这些问题吧。[他们共同察看了问题列表，并对一些问题进行了标注。]

莫妮克：快要到结束的时间了。让我们为下次的小组活动制订一个计划好吗？我想在两周后再过来观察一下。[他们共同制订了一个计划，以更好地让詹金斯在小组时间里利用问题促进幼儿的概念发展。]

在上述案例中，莫妮克对小组活动的情况给予了反馈而并非对詹金斯的具体行为给予反馈。通过这种方式，莫妮克从旁观者的角度帮助詹金斯审视了自己的情况，并使詹金斯自己得出了结论。有时候，教育领导者会认为自己必须保持客观，其实，对于领导者而言，需要做的是利用工具，如学前教育标准，去实现客观公正。在上述案例中，莫妮克给予的反馈并不是自己的意见，而是关于早期儿童科学教育应该怎样去做，是关于促进幼儿学习的最佳教学实践。莫妮克和詹金斯都可以围绕这一点来进行努力。

给予肯定

我访问学前教育机构时经常能够在教室和走廊里听到"做得好"之类的话。这种表扬并不是一种好的教育策略。我们知道，当幼儿得到具体的肯定后会更加自信地发展自己的能力，而空洞的表扬无法达到这一效果，因为即使我们以这种空洞的形式大声地表扬幼儿，其效果也并不如意。上述道理也同样适用于教师。

教师的教学是一件相当孤独的工作，因为教师们不会获得来自幼儿对自己工作所做的评论，所以我们这些支持教师发展的人必须有意图地去肯定教师们所做的良好工作。但是，这并非意味着需要使用空洞的"做得好"。即使我们在星期五早上送给教师一盒小礼物也不会提升他们的专业水平。所以，学前教育机构的领导者需要成为无法看清自我的教师们的一面镜子，促进教师建立效能感。

表扬的话语如下。

◆ "嗨，彼得（Peter），今天早上你应对那个哭泣的孩子时做得很好！"
◆ "哇，凯西（Kathy），这是一个非常好的科学活动！"

肯定的话语如下所示。

◆ "彼得，我注意到你很好地组织了家长，应对了孩子们的分离焦虑，你所做的规划奏效了，教室里很快安静了下来。"

◆ "凯西，在科学活动中，我看到孩子们对种子提出了许多问题，同时你还帮助孩子们学习了新的词汇，并且孩子们也非常投入地参与到这个活动里。"

在第一个案例中，一位有经验的教师在听到后可能会想："好吧，随便啦！"在第二个案例中，一位有经验的教师在听到后可能会想："我所做的计划领导者注意到了，我是一名优秀的教师，我花在计划上的所有时间都是值得的。"这样，教师们才可能展露出开心的笑容和轻盈的步伐，更好地度过一天。从而，教师们会感受到自己在困难的工作中获得了支持，并将自己视为富有关爱的工作者共同体的一部分。

示范关爱和同情

在学前教育机构中人际冲突是很常见的事情。例如，教师之间可能不好共处或彼此之间不分享材料，此外，彼此之间还有可能会八卦或有不好的感受。这些情况都是消极的，并且不应该在学前教育机构中发生。这些情况具有破坏性，并且与我们教育孩子的工作重心相违背。为了解决这些问题，机构领导者有责任示范关爱和同情，以树立一个关爱的工作者共同体的基调。

莫妮克：教育协调人兼教练

教师艾丽西娅（Alicia）和她的助教贝基（Becky）已经相互不说话了。贝基觉得艾丽西娅不尊重她的经验并忽视她的想法。她们共同向莫妮克抱怨彼此。莫妮克很生气，但是仍然保持着聆听。莫妮克没有告诉她们彼此都说了对方什么，而是单独询问她们是否愿意让莫妮克组织一次会议来澄清彼此之间的问题。她们都同意了。在会议上，莫妮克通过指出艾丽西娅和贝基如何帮助孩子们友好相处，从而间接地帮助艾丽西娅和贝基修复了关系。艾丽西娅和贝基最后都笑了起来，并感到彼此的行为就像两个四岁的孩子一样。在这个故事里，莫妮克的做法显得非常耐心和富有同情心，她并没有去评判这两位教师，而是致力于创造一个富有关爱的工作者共同体。

维持充满关爱的工作者共同体

　　维持积极和关爱的工作环境并不是一次性的事情，而是一个持续的过程。学前教育机构的领导者必须每天都勤奋地培养积极的人际关系，不断加强和支持共同的专业目标，并保持交流和沟通的明确与开放。维持工作者关爱共同体是一件富有挑战的事情，尤其当冲突产生的时候。当我们与成人进行工作时，我们觉得他们应该始终能够像成人一样行事。当工作团队中产生冲突和混乱时，领导者总是会非常失望。领导者觉得这些成人的行为就像孩子一般幼稚。我非常理解领导者的这种心情。

　　但是，我认为，创造和维持工作者关爱共同体也是领导者的重要工作。正如领导者期望教师对待幼儿的方式是正确的一样，领导者必须营造一种非评判性的氛围，帮助教师们感到被接受。在给予和接受反馈的过程中，领导者努力为教师创造和维持的富有关爱的工作环境将有助于教师感到被支持和安全。所有这一切将为积极和有效的教师评价过程铺平道路。

反思的问题

1. "教学和管理都是关于人的工作"，这个观点对于你而言意味着什么？

2. 请对创建一个富有关爱的工作者共同体的相关策略和工具进行回顾。其中哪一项是你已经使用了的？哪一项是你还没有使用过的？选择其中一项观点和行为尝试一个月，并对结果做出反思。

第3章
识别教师的质量

本章导读

　　教学质量是识别教师专业胜任力的重要方面。教学质量深刻影响着儿童的学习与发展。教育领导者必须对幼儿园教师的教学质量展开评价，准确识别教学的质量，从而促进其对儿童产生的影响。那么，什么是教学质量？如何评价教师的教学质量？本章将围绕这两个关键问题解读教学质量的内涵以及评价高质量教学的三个方面。首先，本章提出，高质量教学可以从教学行为、教学结果和专业行为三个方面进行判断。教学行为是指教师实施课程、计划教学以及设计全面发展的活动等技能；教学结果是指接受教师指导后幼儿获得的内容，包括幼儿的认知、学习能力、幼儿在教室中的行为表现、幼儿的社会情感和学术等方面；专业行为与可靠度、出席率、个人表现、与同事及客户的关系、一般举止等紧密相关。其次，本章回顾、梳理了教学行为、教学结果、专业行为等三方面的资源，根据这三个方面的整体框架设计出了相应的教学质量检核表，并说明了该如何运用这些检核表反馈幼儿园教师的教学质量，从而快速地帮助教育领导者、幼儿园教师达成全面化和目标化的教学质量蓝图。

本章结构图

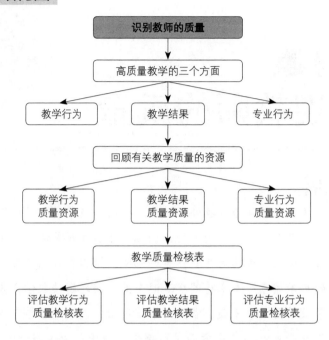

我们只是不满足于早期经验中的不公平待遇，对于我国的很多孩子来说，它会导致学业失败并产生终身的负面影响。

——卡罗尔·科普尔和苏·布雷德坎普（Carol Copple & Sue Bredekamp），《0—8岁儿童教育机构的发展适宜性实践》（*Developmentally Appropriate Practice in Early Childhood Programs Serving Children from Birth through Age 8*）

并不是所有早期儿童教育机构中的幼儿都能获得同等质量的经验。一些中心和学校在这方面做得很好，另一些却不尽然。它们之间存在着教学质量的差异。教学质量决定着机构的质量，并直接影响学生的学习（Copple and Bredekamp 2009；Stronge 2007）。接受高质量教学的幼儿会学到更多（Schmoker 2006），接受低质量教学的幼儿则学得更少，并且这种影响是不断累积的。和差的教师待在一起越久，学生越会持续地失去学术领地（Sanders and Rivers 1996）。现实情况是，有好教师也有差教师，儿童的教育也因此而受到影响（Reagan，Case，and Brubacher 2000）。

对所有教育领导者来说，改善幼儿教育的质量必须优先考虑提高教师的教学质量。这意味着要对教师进行评价。常识、观察和研究告诉我们，教育和经验不足以保证教学质量（Burchinal，Hyson，and Zaslow 2011）。教育水平越高的老师，越可能拥有更广博的知识，但这并不意味着他就是一位更好的教师。同样，教学经验丰富也不意味着就是一位好老师。对于这一点，我在很多培训中心和学校都得到了验证。

就像教师必须定期评价幼儿的学习和发展以提供指导和必要的学习支架一样，教育领导者需要对教师进行评价。只有通过评价，领导者和教师才能反思和量化教学质量。也只有通过评价，领导者和教师才能知道如何最优化地促进教师的专业化发展（也才能知道这种发展是否能随着时间的推移而持续发生）。所有的教师，即便是最好的教师，都需要并受益于对其自身表现的持续性反馈。

在很多机构中，教师一年只被评估一次。这种评估主要通过观察教师的教室行为来回顾一年来的表现，而不是对他们需要改进的地方进行定期评价和反馈。目标流于形式，而且经常被遗忘到下一年。这对教师和孩子们来说都无益。作为教育领导者，我们有责任为提升教育质量而改进计划，有责任通过对教师进行持续性评价并给予支持来促进教育质量的提升。

尽管评价很重要，但很多教育领导者和教师对评价教师的技能和实践仍持保留意见。教师和教师工会认为，评价不能作为不公平地、随意地对教师进行惩罚的手段。他们担心评价的方法简单化，比如只依据学生的测验成绩来认定教师是否优秀。我同意只使用一个数据源测量教师的质量是不够的，但是这种担忧不应该阻止多种数据源评价的发生。相反，我们需要一个综合的方法来评价教师，这种方法不仅超越了"只是评价考试成绩"，而且超越了"仅仅只是快速的年度观察"（Tucker and Stronge 2005；Schmoker 2006）。

当我们开始为"评价教学质量系统"制定策略时，必须首先知道什么是教学质量。幸运的是，教学质量的概念对我们来说并不陌生，我们已经有很多定义教学质量的资源。但不幸的是，这些资源都差不多，很多都只集中于教师工作的某一部分，或只是教学质量的某些重要方面。例如，质量评价和改进系统（QRIS）主要是通过教师资格、班级规模和机构中的师幼比来检测教学质量，但是通常不能测量出师幼互动的情况、教学技巧或幼儿的学习结果这些教学质量的基本要素。质量评价和改进系统（QRIS）虽然能提升对幼儿学习的测量，但是不能为领导者提供有关如何使用这些评价结果的指导（Zellman and Karoly 2012）。最新的质量评价和改进系统（QRIS）开始论证是否应该添加教学质量的这些方面，以巩固质量评价和改进系统（QRIS）的信誉（Sabol et al. 2013），而且添加的内容应是更直观、更紧迫的。教师质量中那些不可忽略的方面应成为一个选择（Pianta 2011；Kagan and Gomez 2011；Goffin 2013）。

在本章中，我将帮助你在众多可用于定义和识别教学质量的资源中找到方向。事实上有很多好的资源，但往往被忽略。作为教育领导者，我们需要用意志和纪律来组织存在于我们头脑和评价工具中的内容，这样就可以全面地验证我们机构的质量。我会提出一个检验教师工作的简单模型，以此来帮助你，这样，你就会有一个评价你的工作的框架。但是，在这之前，我们首先要分析教学质量的三个组成部分。

识别高质量教学的三个方面

教师 A 与幼儿相处非常融洽，并且有良好的班级管理技能。她会组织有趣的、寓教于乐的学习活动，但是这些活动是基于她自己的兴趣而不是幼儿真正需要的学习内容。当被问及如何知道幼儿正在学习的内容时，她回答说："我只是看到他们做得很好。"她认为家长不关注教育，因为家长很少参加家长会。她和同事相处得很好，并且总是愿意分享一些材料和想法。

教师 B 与幼儿相处融洽，并且有良好的班级管理技能。她会基于机构中的课程设计提供有趣的、寓教于乐的学习活动。她经常缺席，但是她只要在就会做得很好。她的同事为她不固定的出席颇为恼怒。

教师 C 也与幼儿相处融洽，也有良好的班级管理技能。她对幼儿一年进行三次评价。她和她的教学助理分享信息，并用这些信息中的数据来计划学习活动。她通过调整机构中的课程来适应学生的需要。她每周给幼儿家长发一次邮件，让他们知道孩子在做什么。她在家长会上的出席率很高，但是和同事相处得不太好。她抱怨和同事开会是在浪费自己的时间。

如果我们仅仅观察一次就评价这三位教师，我们会觉得班级情况良好，大部分孩子都是快乐烂漫的。但是，我们会忽略一些专业领域内的其他关键的缺点，而这些缺点会影响到幼儿的学习。例如，我们不会看到教师 A 班级里的孩子们没有对应年龄的学习标准，因为重要的课程没有被教过或被完整教过；我们不会看到教师 B 的缺席以及缺乏连贯性的教育指导会减少孩子们高质量的学习体验；我们不会看到教师 C 因缺乏同事合作而限制了自己的成长，也限制了她所指导的缺乏经验的教师的成长。

一个好的评价模式需要解决教师工作中以下三个基本问题。

1. 教学行为（教师对教室里的幼儿做了什么）；

2. 教学结果（幼儿从教师的教学行为中获得了什么）；

3. 专业行为（成为一名好教师的行为）。

"质量"在所有领域都意味着真正的教学质量。

教学行为

教学行为是教学和课堂管理的技术部分。教学行为包括实施课程、计划教学以及设计全面发展的活动等技能。例如，教师使用各种策略展开阅读、数学、社会研究、艺术和社会技能的教学，这些都是教学行为。教师为创建一个积极友好的学习氛围所付出的努力也是教学行为。教师必须鼓励和强化积极的行为，协助幼儿处理矛盾冲突。同时，教师必须组织好自己的课堂，

萨拉：中心主管

萨拉对婴儿教室 A 中发生的事情感到担忧。骨干教师遵循了婴儿的个人时间表，卫生习惯也很好。但是，当孩子们醒着的时候，她非常担心他们的安全，几乎成了每个孩子的"保镖"。她每次只允许三个孩子在地板上玩 15 分钟，这显然是不可取的。萨拉计划和教师们一起讨论婴儿的发展适应性实践，并利用讨论后的信息改善这间教室的教学行为。

选择和提供有吸引力的、经过深思熟虑和精心选择的材料，这样才能使幼儿在课堂中表现积极，并有所收获。

教学行为通常通过课堂观察来评价，有时还需要使用一些工具，比如经过正式验证的评价工具和非正式的检核表，或者学校、中心创建的评价表。教学行为中的优缺点也可以通过测量教学结果（关于幼儿学习的数据）来揭示。但是，这些学习数据只是评价内容的一小部分，不能直接决定教学行为的质量。

教学结果

教学的最终结果是幼儿的学习。接受教师指导后，幼儿能获得多少内容？如何发展幼儿的认知能力和学习能力？教学结果还包括幼儿在教室内的行为表现。在教师的指导下，幼儿的社会情感和学术技能这两项重要技能也能获得发展。

教师要了解评价并使用合适的评价方式测量幼儿在各领域的学习情况。也就是说，他们必须有能力使用基于真实观察的标准化工具。教师也要知道怎样来检查幼儿一段时间以来的工作和行为，评价他们的进步程度。教师必须有意图地分析教学结果，结合数据、依据幼儿的需要来决定教学方式。最后，教师必须建立一个系统，与协作者、家庭分享数据（McAfee, Leong, and Bodrova 2004）。

教学结果主要通过观察评价、标准化测试和幼儿的工作档案袋等进行测量，所有这些通常都是由教师指导或准备的。所有教学结果的评价必须具有发展性和文化适应性，而且是可信、可靠的。教师或其他管理评价的人必须签订评价协议并接受训练。质量评价和改进系统（QRIS）的网站上有已经经

乔恩：校长

三年级的一个班，学生的数学分数持续偏低。而在另一个同年级班中，学生的数学成绩持续偏高。通过详细的数据检测以及和教师们的交流、讨论，乔恩发现，低分班的教师不喜欢数学。不是学生不擅长数学，而是教师不愿意教数学。于是，乔恩计划向教师们展示学与教之间的因果关系和影响。

过认证的工具清单。我希望你能从各州的要求出发查看这个清单。这些信息在网上都能查到。

专业行为

任何工作、任何领域都需要专业行为。它与可靠度、出席率、个人表现、与同事和客户的关系、一般举止等紧密相关。专业行为对早期儿童的发展非常重要，它包括合适的衣着和个人形象、准时、保持自信、彬彬有礼和友好、可靠和合作，以及在与同事、幼儿、父母相处和对话时展现出积极的态度。

专业行为是教育领导者们最难解决的问题，因为专业行为包含很多个人的行为习惯。教育领导者们担心一不小心就过线，会干预到教师的个人生活，他们寄希望于这些问题会逐渐自动消失。由于领导者的过于放任，教师的出席率、衣着或薄弱的人际交往等问题长久得不到解决。

专业行为是通过每天非正式的观察而来的。一般来说，这一方面的优点应该被忽略，而起不良作用的缺点则被评价，例如经常缺席或在课堂上发信息。

莫妮克：教育协调人兼教练

莫妮克必须解决教师卡西身上出现的问题，因为她的衣服过于花哨、暴露。这些衣服适合在晚上的酒吧工作，而不适合做早期教育的教师。当同事和家长都开始关注这件事情时，莫妮克不能再忽视这件事了。幸运的是，这个机构中有关于个人仪表和个人礼仪指南的要求。莫妮克在自己的私人办公室和卡西谈论了对这件事的担忧，以及对教育幼儿的影响。最后，他们一起做了计划。

回顾有关教学质量的资源

早期儿童教育领域中有很多丰富的资源，能指导我们对教学质量的三个方面进行思考。这些资源是早期儿童教育的哲学基础，你可能已经对其中的某些资源很熟悉。它们描述并定义了教育领导者和教师知道或应该知道的关于教学与学习的知识。当你阅读时，思考这些定义和标准如何与教师的日常工作联系起来。记录下所有符合你所在机构优先发展以及支持幼儿和教师发展目标的段落、标准或定义。当你向教师反馈关于教学技能的信息时，注意使用这些资源中的语言和想法。在你所处的环境中，甚至在评价开始之前，教学质量应该成为经常性的讨论话题。

有关教学行为质量的资源

很多资源能帮助你认识和定义教学行为质量。搜集和阅读一些不熟悉的出版物，或者回顾已经读过的出版物，你会发现，其中的某些资源在不同程度上也能解释教学质量的其他两个方面，即教学结果和专业行为。基于此，在理解教学行为质量的尝试中，我把这些资源当作基本的引导。

来自全美幼教协会（NAEYC）的教师定义：发展适应性实践准则

全美幼教协会（NAEYC）为"服务于出生到 8 岁儿童"的卓越教师制定了一套发展准则。我们可以在他们关于发展适宜性实践的陈述中找到这些准则（NAEYC 2009），也可以在《0—8 岁儿童教育机构的发展适宜性实践》中找到。依据这些资源，成为卓越教师意味着要做到以下几点。

◆ 为学习者创建一个充满关爱的工作者共同体；
◆ 用广泛的教学策略促进发展和学习；
◆ 在头脑中规划带有目标的课程；
◆ 评价幼儿的学习；
◆ 与家庭建立互惠关系。

在发展适宜性实践的准则中，教学行为质量的主题与高年级教育的主题相同：合理的教学要平衡教师主导和儿童主导的活动；课程活动是为儿童发展和学习需要而专门设定的；课堂管理是前后一致的、人性化的；与儿童、家长和其他同事之间保持良好的关系。

早期教育通用人才标准

美国国家专业教学标准委员会（NBPTS）为早期儿童教育者设定的专业标准给出了相似的指导来解释教学行为质量。在第 3 版《早期教育通用标准》（*Early Childhood Generalist Standards*, NBPTS 2012）或 www.nbpts.org 中可以找到这些标准。这些资源能够通过以下途径完善 3—8 岁儿童教师的教育。

- 基于儿童发展的知识去理解儿童，促进每名儿童的发展和学习；
- 与家庭和社区合作者一起工作，促进儿童的发展和成长，支持儿童；
- 理解和包容多样性，保持公正和公平；
- 整合所教的基本科目，并理解儿童的思考模式以支持他们的学习；
- 为了促进学习，组织和管理学习环境；
- 根据早期儿童的发展目标，为全体儿童以及个别儿童设定目标；
- 提供发展适宜性指导；
- 用与发展相适应的工具评价儿童的学习；
- 反思儿童是怎样学习的，适时调整教学安排；
- 成为儿童及教师专业发展的领导者、合作者、倡导者。

全美幼教协会道德行为准则

除了专业标准，《全美幼教协会道德行为准则和承诺声明》（*NAEYC Code of Ethical Conduct and Statement of Commitment*）也为教学质量行为制定了一些道德标准。这些标准为负责任的行为提供了指导方案，并提出了解决早期教育领域主要道德困境的共同基础（NAEYC 2011b，1）。这个标准具有可行性，能为领导者和教师提供资源。

举个例子，去年 12 月，我在西班牙语的"明尼苏达儿童照管资格证"（Minnesota Child Care Credential，MNCCC）培训课程中为一群拉丁美裔学前教育者介绍了道德行为准则。这些学生开始使用这些标准解决每天遇到的问题，并向他们的上司解释一些行为。一位管理者因为担心幼儿损坏书架而拒绝把书放在低层书架上，于是两位教师去对应查找管理者的指令与道德标准之间的关系。他们发现，I-1.2 部分指出，指导教师"要将教育机构的实践建立在早期儿童教育、幼儿发展、相关训练的知识和研究之基础上，也要建立在每个幼儿特定的知识之基础上"。他们把这种观点与在班级进行的关于早期读写和为幼儿提供多样图书的必要性的研究相联系，并向管理者说明了他们的发现，努力劝说管理者改变想法。自从所有机构中心都宣称这是最有用的实践之后，这项任务开始变得简单。现在孩子们都有权利看书。

学前教师的核心胜任力

很多州努力帮助服务于出生到八岁阶段儿童的教师发展核心竞争力。他们依据教师的教育水平和经验，从初级到高级鉴定教师的教学行为质量。竞争力被划分为多个领域，如幼儿发展、课程、评价、家庭和社区、健康、机构规划和评价、专业发展和领导力。如果你所在的州没有这样的文件，可以搜索华盛顿州的网站（www.del.wa.gov/publications/partnerships/docs/CoreCompetencies.pdf），或者明尼苏达州的网站（http://www.mncpd.org/docs/cc_early_childhood.pdf.）。

这些核心竞争力是一种有力的指导，却也经常"被认为是可以被测量或被论证的"（MnSEYC 2004, 2）。这意味着它们可以作为评价工具的标准。

全美幼教协会（NAEYC）关于发展适宜性实践的图书

全美幼教协会（NAEYC）在发展适宜性实践领域开发了很多优秀的资源，这些资源可以帮助我们认识教学质量。我在这里推荐三本聚焦于教学行为的书。

《0—8 岁儿童教育机构的发展适宜性实践》，作者是卡罗尔·科普尔和苏·布雷德坎普。这本书清楚地说明了优质教学的重要性。它描述了儿童的发展，针对教师应该做的以及不必做的提供了具体案例。随书附的 CD 和录像能进一步说明这本书的观点。

《有力的互动：如何与儿童建立联系以拓展他们的学习》（*Powerful Interactions: How to Connect with Children to Extend Their Learning*），作者是艾米·劳拉·多布罗（Amy Laura Dombro）、朱迪·贾布隆（Judy Jablon）和夏洛特·斯泰特森（Charlotte Stetson）。这本书描述并阐明了教师怎样做才能

教好，即和学生在一起、联系学生、扩展内容。书中丰富的例子再次论证了教师要通过对话和反思来不断提高教学与实践。

《有准备的教师：为幼儿学习选择最佳策略》[①]（ *The Intentional Teacher: Choosing the Best Strategies for Young Children's Learning* ），作者是安·S. 爱泼斯坦（Ann S. Epstein）。这本书致力于平衡幼儿自学和教师指导的经验，明确了幼儿和教师是学习过程中积极的参与者这一概念。

通过了验证的教学行为质量评价

除了提供有关指南、标准和教学行为质量定义的资源，来自"可验证的评价"的标准也有助于认识教学质量。当然，这些可被用作评价工具，评价的分数和标准为教育领导者在教学行为质量方面提供了目标数据，并给予教师有关其工作的目标反馈。以下是三种常用的测量班级内教学行为质量的工具。

◆ 课堂互动评价系统（Classroom Assessment Scoring System，CLASS）。课堂互动评价系统（CLASS）发展于弗吉尼亚大学（the University of Virginia），致力于研究教师与幼儿之间的互动，重点关注读写和语言。这个评价系统告诉我们，教学行为质量包括积极的情感支持、良好的班级组织和对幼儿强有力的教学指导。对于接受过课堂互动评价系统（CLASS）专家训练的教育者来说，课堂互动评价系统（CLASS）是最容易实施的一种观察工具。评价者要对教室情况进行三个小时的观察，再根据严格的评价准则，用 20 分钟来补充和得出结果。你可以取得课堂互动评价系统（CLASS）评价的认证。通过认证测试后有效期为一年，需要有偿更新。www.teachstone.com 中有更多的信息。

◆ 早期语言和读写课堂观察工具（Early Language and Literacy Classroom Observation，ELLCO）。早期语言和读写课堂观察工具（ELLCO）是聚焦早期读写的一种观察工具。早期语言和读写课堂观察工具（ELLCO）的前测及早期语言和读写课堂观察工具（ELLCO）中的学前到三年级（K–3）工具（可以从出版社网站找到：www.

[①]　这本书的中文版已由教育科学出版社出版。——编辑注

brookespublishing.com）能测量教室内早期语言的频率和读写的质量。它所包含的五个部分分别是教室结构、课程、语言环境、书本和阅读、印刷文字和书写。评价者通过观察及与教师谈话收集证据。

◆ 早期儿童环境评量表（Early Childhood Environment Rating Scale，ECERS-R）和婴儿—学步儿环境评量表（Infant-Toddler Environment Rating Scale，ITERS-R）。这两个量表是观察整个教室的工具。每个量表被分成七个分量表，分别为空间和家具、个人护理常规、语言推理、活动、互动、机构组织结构、家长和员工。http://ers.fpg.unc.edu/ 中有更多信息。

有关教学结果质量的资源

有关儿童需要知道什么、应该如何去做的资源十分丰富。以下将对有关教学结果质量的资源进行描述。

儿童早期学习标准

每个州都为出生至八岁及更高年级的儿童发展制定了学习标准。这些标准都是以研究为基础的，由专家精心编写而成，遵循可靠的发展视角。这些标准在语言和格式上有一些差异，但总体内容是一致的。它主要指出，教师应该了解什么是儿童需要学习的。有的很清楚地列举了教师应该怎样教儿童获得需要的学习技能的例子。你可以登录你所在州教育局的网页和服务局的网页，找到早期学习标准。

共同核心州立标准（Common Core State Standards）

美国有 48 个州、哥伦比亚区域、国防区在英语语言艺术、读写和数学领域采用共同的核心标准。这些标准始于幼儿园，与年级相对应。它要求教育者教给孩子们学习内容的同时，也要教给他们分析思考、解决问题和批判性思考的技能。这些共同的州立标准为教学和评价儿童提供了共同的语言标准和建设性策略（Porter et al. 2011）。可以在 www.commoncoreworks.org 或 www.corestandards.org 找到相关信息。

教师理解了标准的价值并将它们作为学习目标时，就会有意识、有目的地进行实践（Ritchie and Gutmann 2014）。他们会促使教育指导和知识框架更适应于儿童的需要。好教师是带有目标的。

标准化评价和观察性评价

标准化评价和真实的观察性评价可以帮助你获得关于教育质量结果的蓝图。教学评价应该是全面的，能够测量所有的发展领域。在早期儿童课程、评价（Assessment）和机构评价（program evaluation）的联合声明中，全美幼教协会（NAEYC）和美国教育部早期儿童专家协会（National Association of Early Childhood Specialists in State Departments of Education，NAECS/SDE）清晰地向我们展示了"评价应该包括什么"。

标准化的教学结果评价包括学前儿童个体发展指标系统读写 +（myIGDIs Literacy+），学前儿童语言评价量表（preLAS 2000），皮博迪图画词汇测验（Peabody Picture Vocabulary Test）的第四版（PPVT-4）。真实的观察性评价包括金牌儿童评价系统［GOLD，由教学策略（Teaching Strategies）出版］、学前儿童观察评价系统（COR，由高瞻基金会出版）、作品取样系统（Work Sampling，由培生学习出版）。根据所在州质量评价和改进系统（QRIS）的指南去寻找支持你领域的工具。

有关专业行为质量的资源

在早期儿童教育领域，相对于定义教学行为质量和教学结果质量的众多资源，定义专业行为质量的资源相对较少。在关于教学的文献中有关专业行为的话题也较少。然而，在《全美幼教协会道德行为准则和承诺声明》（NAEYC 2011b）的第三部分，"对共同工作者的责任以及对雇佣者的责任"证明了专业行为对教学质量是至关重要的。如果你所在单位的个人手册中提到了相关的专业行为，那么这本手册应该成为专业行为评价的参考。除此之外，我推荐两本书：《学前教师的制胜之道：成为专业人员》（*Winning Ways for Early Childhood Professionals: Being a Professional*）和《学前教师的制胜之道：成为有团队精神的人》（*Winning Ways for Early Childhood Professionals: Becoming a Team Player*），作者都是吉吉·施瓦克特（Gigi Schwiekert）。这两本书通俗易懂，而且会给你一些特殊的建议去思考行为表现、交流、工作伦理和态度。在问题出现时再去讨论是很有挑战性的。这两本书倡导用直接的语言解决每天会发生的事，例如迟到、没有礼貌、衣着不适当、文身、卫生、电话留言、在教室里喝饮料、抽烟及其他你觉得难以讨论的话题。

对资源的总结

前面章节所描述的资源包含了关于优质教学质量的丰富信息。在实践中，它们看起来可能像冗长的文字版文档，很难懂并且很消耗时间。但是，这些资源让我们知道：对所有教育领导者来说，了解教学质量是一个持续的过程；你可以从小的方面努力认识教学质量；应每周或每月花费一些时间去回顾教学质量的某一个方面或上述资源中的某一种。

下表是对教学质量三个方面的总结，覆盖了之前所描述的资源。其中一些资源覆盖了教学的多个方面，在总结中这些重叠的部分具有代表性。当你想继续探寻什么是教学质量或开始为全面评价教师而设定计划时，可以参考这张表。

教学质量的三个方面

教学行为	教学结果	专业行为
《0—8岁儿童教育机构的发展适宜性实践》(作者：卡罗尔·科普尔和苏·布雷德坎普)	早期儿童教育者的核心胜任力	《全美幼教协会道德行为准则和承诺声明》
《早期教育通用标准》(NBPTS)	儿童早期学习标准	全美幼教协会（NAEYC）对教师的定义
《有准备的教师：为幼儿学习选择最佳策略》(作者：安·S.爱泼斯坦)	观察评价（GOLD、Work Sampling、COR）	《学前教师的制胜之道：成为专业人员》(作者：吉吉·施瓦克特)
《全美幼教协会道德行为准则和承诺声明》	标准化评价(myIGDIs Literacy+、preLAS 2000、PPVT-4)	《学前教师的制胜之道：成为有团队精神的人》(作者：吉吉·施瓦克特)
《有力的互动：如何与儿童建立联系以拓展他们的学习》(作者：艾米·劳拉·多布罗、朱迪·贾布隆、夏洛特·斯泰特森)	全美幼教协会（NAEYC）对教师的定义	
全美幼教协会（NAEYC）对教师的定义		

续表

教学行为	教学结果	专业行为
通过了验证的评价(CLASS, ELLCO, ECERS-R) 所在州列入质量评价和改进系统(QRIS)的其他工具		

教学质量检核表

为进一步帮助你界定教学质量的三个方面，我设计了一些检核表。这些检核表总结了关于教学质量在以下三个方面的总体框架：教学行为（见第 54 页表）、教学结果（见第 55 页表）和专业行为（见第 56 页表）。附录中有这些检核表的可复制版本。这些检核表较简单，能反馈出早期儿童教育教师的基本教学质量。它们很容易使用，能快速帮助你和你的老师达成全面化和目标化的教学质量蓝图。它们有利于产生有意义的讨论，促使问题解决。

使用检核表，开始时可反思正在评估的教学的某一方面，然后收集关于那个方面的证据，如你"看到"和"听到"的能论证这一方面质量的例子或证据，最终找出频繁出现的说明质量的证据，这些证据是你经常能看到的。

如果你"总是"观察到清单中列出的积极行为，那意味着教学的意图和质量是存在的。如果结果是"有时"或"从未"，那就要担忧教学可能没有连续的质量。寻找教学质量那个方面的资源（见第 52 页表）出现的频率或建议，可以帮助你提高那个方面的质量。

关于教师教什么和如何教的资源已经很充分了。这些资源是为了促进良好的教学实践。我们已经知道可用于全面定义教学质量的资源以及评价教师的质量标准。那么，下一步要思考的是如何使用这些信息评价教师。下一章我们将在细节上阐述怎样指导常规的评价表现，怎样达成质量或发展需求，如何解决表现出来的问题，以及如何帮助教师识别专业发展领域。

教学行为质量评价检核表

这个检核表将会帮助你获得关于教学行为的总体框架。它是观察和讨论的工具。回顾这七种教学行为和以下教学行为质量证据。观察你的教师，标出教师多久展现一次教学行为质量。

教师……	总是	有时	从未
1. 创设有效而丰富的班级环境			
◆ 材料具有发展适宜性，且是为学习组织的。	☐	☐	☐
◆ 教室是整洁有序的。	☐	☐	☐
◆ 儿童能够自己接触材料。	☐	☐	☐
2. 进行有效的班级管理			
◆ 班级计划具有发展适宜性，能平衡教师主导和学生主导的活动。	☐	☐	☐
◆ 冲突很少，容易管理。	☐	☐	☐
3. 积极亲近幼儿			
◆ 幼儿们微笑、大笑、交谈、倾听、提问和彼此帮助。	☐	☐	☐
4. 实施由机构或学校主导的课程			
◆ 课程安排、活动和材料反映了所有学习中心的课程（读写区、数学区、科学区、积木区、图书室、感知区、操作区、用餐区、圆圈时间、大组活动和小组活动）。	☐	☐	☐
5. 为所有孩子准备和写下课程计划			
◆ 贴出写下的课程计划。	☐	☐	☐
◆ 活动反映了课程计划。	☐	☐	☐
6. 提供内容丰富的发展适宜性活动			
◆ 幼儿在不同水平上做各种活动。	☐	☐	☐
◆ 幼儿在全天中都能听、说、读、写。	☐	☐	☐
◆ 幼儿通过游戏、探究和实验进行学习。	☐	☐	☐
7. 评价幼儿的学习			
◆ 评价具有发展适宜性。	☐	☐	☐
◆ 评价是通过观察进行的，是用标准化工具完成的。	☐	☐	☐
◆ 收集反映幼儿学习和行为的数据（笔记、照片、工作样本、分数和录像）。	☐	☐	☐

教学结果质量评价检核表

这个检核表将会帮助你获得关于教学结果的总体框架。它是观察和讨论的工具。回顾这五种教学结果和以下教学结果质量证据。观察你的教师,标出教师多久展现一次教学结果质量。

教师……	总是	有时	从未
1. 使用评价计划教学			
◆ 收集的数据被整理进档案袋。	☐	☐	☐
◆ 数据经过分析。	☐	☐	☐
◆ 数据用于改进小组教学和个别教学。	☐	☐	☐
2. 认识幼儿的成长和学习			
◆ 幼儿的成长和学习是可量化的。	☐	☐	☐
3. 有意图地支持幼儿学习			
◆ 幼儿学习。	☐	☐	☐
◆ 幼儿有进步。	☐	☐	☐
4. 与同事分享			
◆ 同事理解幼儿正在学的内容,知道如何支持幼儿。	☐	☐	☐
5. 与家长分享			
◆ 家长理解孩子的学习内容,知道如何支持孩子。	☐	☐	☐

专业行为质量评价检核表

这个检核表将会帮助你获得关于专业行为的总体框架。它是观察和讨论的工具。回顾这七种专业行为和以下专业行为质量证据。观察你的教师，标出教师多久展现一次专业行为质量。

教师……	总是	有时	从未
1. 保持安全的实践			
◆ 照看孩子们时，不使用电话。	☐	☐	☐
◆ 遵守所有健康和安全程序（洗手、为婴儿换尿布、清洁玩具等）。	☐	☐	☐
2. 有规律和稳定的出席率			
◆ 很少缺席。	☐	☐	☐
◆ 缺席时有合理的理由。	☐	☐	☐
3. 与家长有积极的关系			
◆ 家长对与教师的互动感到很满意。	☐	☐	☐
◆ 与家长有不同意见时保持尊重。	☐	☐	☐
◆ 没有和家长产生持续的冲突。	☐	☐	☐
4. 与同事有积极的关系			
◆ 同事对互动很满意。	☐	☐	☐
◆ 与同事有不同意见时保持尊重。	☐	☐	☐
◆ 没有和同事产生持续的冲突。	☐	☐	☐
5. 保持良好的个人仪表			
◆ 衣着、鞋子、指甲适合教学工作（例如，坐在地板和小椅子上；要把幼儿举高；要跟孩子们在外面玩；跟孩子们进行各种活动；为婴儿换尿布）。	☐	☐	☐
6. 保密			
◆ 不讲关于家庭和孩子的流言蜚语。	☐	☐	☐
◆ 不讲关于同事的流言蜚语。	☐	☐	☐
◆ 用保密条款阻止关于他人的流言蜚语。	☐	☐	☐
7. 保持积极的举止			
◆ 语调积极。	☐	☐	☐
◆ 不同意别人的观点时语调和语言是尊重的（例如，没有大声喊叫、跺脚和威胁）。	☐	☐	☐

反思的问题

1. 组织教职人员讨论教学质量：质量对你们意味着什么？在表上写下小组的观点，比较他们的观点和本章的观点。

2. 回顾教师教学质量评价表。准备好评价教师时，这些工具如何帮助你进行评价？你会对工具做出哪些调整？

第4章
评价教师的工具和方法

本章导读

对幼儿园教师这一特殊群体的评价需要借助特定的可操作的方法、工具及技术。本章提出：首先，作为教育领导者，必须使用完善的评价体系为早期教育工作服务，满足专业领域的独特需求；强调评价要基于360度数据反馈，即教育领导者收集的数据、教师收集的数据、其他投资人收集的数据，并介绍了收集相应数据的工具。其次，基于360度数据概念、平行过程概念和五项指导原则，本章提出了教师评价的六步综合模型：第一步，明确对教师评价的看法；第二步，选择或开发评价的工具；第三步，实施评价；第四步，分析结果；第五步，交流结果；第六步，跟进回顾。最后，本章介绍了当教师出现行为问题时教育领导者应该如何解决这些行为问题，并强调了评价的价值。

本章结构图

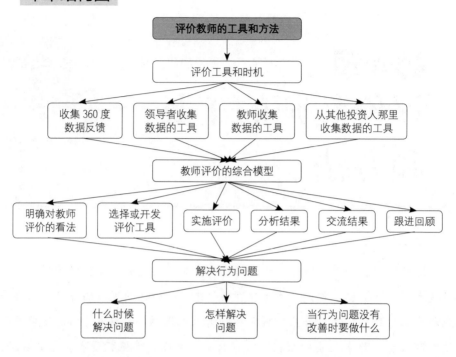

迄今为止，我们已经解释了"什么是教师的评价"以及"为什么要对教师进行评价"。在这里，我还想解释"如何对教师进行评价"。现在的许多人，甚至是早期教育的"门外汉"，都对"如何进行对教师的评价"非常感兴趣。政策制定者、经济学家和媒体都意识到教学质量与教育质量之间的联系。这些研究时刻提醒我们，如果要提高各州的教育水平，就要改变教师的问责制和评价的过程。联邦政府在 2009 年提出了应急措施，即倡议一项叫作"力争上游"（Race to the Top）的活动，奖励各州提升学生的学业成绩或提出最完善的计划以促进教育改革（US Department of Education 2009，2）。这些计划包括培养"伟大的教师和领导者"。2009 年以来，几个州在"力争上游"活动中，在私人慈善机构的帮助下，形成了一套专业的教师评价体系，并提高了教学质量。

在开发评价体系的过程中，产生了很多疑问。

◆ 教育领域能按企业标准来评价教师吗？

◆ 教师的评价变成"员工排序"的模式，高端表现和低端表现的贝尔曲线的比率是什么？[1] 或者是否必须发展出某种模式，以关注每位成长和发展中的教师？

◆ 评价应仅仅基于幼儿测试的分数？还应包括其他哪些因素？

"力争上游"的活动从企业中获得很多启示，而这些企业在自己的环境中进行绩效评价时，往往缺乏质量改进方面的建议。例如，企业部门发现，贝尔曲线在某段时间内是无效的。这说明作为"员工排序"与无效率的方式，创造力和团队合作互相竞争（Morris 2013）。

作为教育领导者，我们非常了解自己的领域。我们必须利用完善的评价体系为早期教育工作服务，满足专业领域的独特需求，而不是让其他行业告诉我们应该怎么做。虽然没有完美的完全适用的方法来对每天的工作进行全面而有效的评价，但是经验和实践会引导我们想出可靠的办法。因此，我想到了平行过程（parallel process）的概念。在早期教育中，我们是理解发展和发展性成长的专家，我们要将相同的发展性成长原则应用到与幼儿一起活动的成人身上。本章我将从平行过程的角度展示一些评价工具和方法。

我们首先从《全美幼教协会道德行为准则》（适用于早期幼儿教育管理机构）来看教师的评价（NAEYC 2011a）。这份文件的可信度表现在：一是论证了评价的重要性，二是提供了关于评价方式的指导。它用五种观点来解释绩效评价（NAEYC 2011a，5）。

1. "我们应当为员工提供安全、可靠的工作环境，这个环境尊重员工的人格，让员工感到光荣，允许他们通过绩效评价、书面申诉程序、建设性反馈以及持续的职业发展机会来履行责任。"（P-3.1）

---

[1] 贝尔曲线的左边代表非常差的业绩，右边代表非常优秀的业绩，大多数公司位于曲线的中间部位，管理者的任务就是要不断地逐步改进，使整条曲线向右移动。这个过程既非革命性的，也不会引人注目，但只要持之以恒，企业就能取得成功。——译者注

2. "我们应当让员工知道，在哪些方面他们的表现没有达到机构的要求。在可能的情况下，坚持帮助他们提高专业水平。"（P-3.9）

3. "我们应当为那些工作能力不适宜的员工提供指导、额外的专业发展机会和训练。如果员工不能达到合理的预期，应建议员工寻求更合适的工作岗位。"（P-3.10）

4. "必要时，我们应当依据相关的法律法规解雇相关人员，并告知解雇的原因。解雇的理由必须基于错误或不合适的行为，应及时、准确地记录下这些错误和行为，以便员工进行反思与回顾。"（P-3.11）

5. "做出评价和建议时，我们应根据事实以及与幼儿和机构相关的利益做出判断。"（P-3.12）

这些道德行为提供了一种实事求是和富有同情心的方式来进行评价：必然发生的和必须做好的。当以下几个标准出现时，绩效评价就会顺利。

- ◆ 明确的预期
- ◆ 积极的沟通
- ◆ 互相尊重的合作
- ◆ 全面的数据
- ◆ 具体的例子
- ◆ 目标的设定
- ◆ 支持和资源
- ◆ 成功的培训

请注意在所有描述中评价和支持是如何共同进行的。

如果你所在的组织没有工具，也没有好的常规的教师评价体系，那么本章将在这两方面帮到你。首先，本章介绍了各种用于收集数据和测量环境质量的工具。其次，本章提出了一个直接的、逐步的、全面的、遵循最佳做法的评价模型。如果你的组织已经有了评价教师的工具和体系，那么可以考虑以下的想法来补充或改进已有的工具和体系。

评价工具和时机

评价不是一次性事件，在全年要进行多次评价。正如幼儿的学习需要教师的定期评价才能提供适当的指导来促进孩子的成长，教师的技能也需要得到持续的评价。

作为参考，每年至少进行三次以上的正式评价就足以促使你的教育中心或学校的教学质量有所提高。初步评价的时机取决于你的时间表和个人需求。如果你想论证绩效与薪酬的关系，可以用预算周期来进行正式的评价。我建议你用一种更具体的方式来回报教师。

后续评价的频率一定程度上取决于初步评价的结果，需要根据每位教师的情况进行调整。为了保持在最佳的实践范围内，每年应进行 3 次至少 30 分钟的后续观察和 45—60 分钟的反馈会议。一个技能较差且需要更多支持的教师，需要更多的时间来进行反馈会议，并尽可能在整个一年当中进行多次的后续回顾与反思。

收集 360 度的数据反馈

为了有效地评价教学质量，无论是初步评价还是后续观察，都需要使用工具。也就是说，需要一种通过收集数据全面系统地对教学质量进行测量和记录的方法。

为了全面地收集数据，推荐使用 360 度的数据反馈方法。数据可以来源于教育领导者和教师，也可以由投资人提供。这样，教师不仅接受教育领导者的顶层评价，还可以接受包括家长、同事和教师自己（Talan and Bloom 2004）在内的多方位资源的评价。对教育领导者进行评价时，教师可以使用相同的观察工具，并把幼儿的数据作为评价的证据使用。

使用这种方法或其他方法收集数据时，需要一系列工具以在全年有效地评价教师，收集数据。你需要工具来帮助教师评价自己和幼儿，你也需要工具去收集其他投资人的数据。

领导者收集数据的工具

作为教育领导者，你要用各种工具为你的基础评价和后续的回顾收集数据。这里有一些使用频率较高的工具。

标准化课堂评价

在第 3 章中，我介绍了一些进行教学质量评价的有效工具，例如课堂互动评价系统（CLASS）和早期语言和读写课堂观察工具（ELLCO）。这里还会介绍其他工具。基于所设定的目标选择标准化的工具，至少应将一个高质量的、便于研究的、可测量评价的工具作为数据的一部分，协助你完成最初的评价。你可以将你和他人设定的教学质量进行对比。如果是第一次观察，我建议你考察工具的所有部分。后面的观察你只需要关注需要提高的项目。

其他教师的观察工具

如果你使用的不是经过验证的评价，那么你仍然需要一种观察工具为你在课堂观察中看到的内容提供框架。你的机构或学校可能已经有所需要的工具。除特殊标准，观察工具通常都需要一个空白的空间用来撰写记录。你要把观察过程中看到的内容记录下来，以用来解释后面所发生的事以及证明你的分析材料。

第 3 章的教学质量检核表也是一种观察工具，可以根据所在机构的教学质量标准来调整这些表。回顾第 3 章中教学质量的资源，通过语言和标准引导来使用你创造的任何工具。

进行录像

录像是向外展示教师在教室里做了什么的典型形式。一开始教师可能会紧张，但是我希望你能坚持下去。最后，我拍下的所有教师都会发现，拍摄是很有价值的。为了得到最好的结果，最好使用小巧的、不引人注目的录像机，把它聚焦到幼儿的行动上，而不是教师身上。有计划地拍摄 1—2 分钟的片段，并在观察过程中拍摄几个片段。随后你会很容易选择几个例子来说明你想让教师

莫妮克：教育协调人兼教练

莫妮克在婴儿课堂的录像片段向教师们展示了她如何教婴儿说话。她录了五段教师在地毯上和婴儿谈话的简短片段，挑选了其中两个片段，并与教师进行讨论。

看到的最好的东西。你的目标是展示教学对幼儿的影响，了解教学的因果关系。

教师收集数据的工具

为了评价，教师应该积极参与数据的收集。他们可以在自己的工作过程中从自身的视角收集数据，也可以从幼儿的学习中收集数据。

教师的自我评价

教师使用与教育领导者相同的工具进行自我评价非常重要。这些工具可能是你已经使用过的工具，例如早期语言和读写课堂观察工具（ELLCO）、课堂互动评价系统（CLASS）或早期儿童环境评量表（ECERS-R）。由于这些工具冗长、复杂，需要为教师选择一至两种去评价其实践，保证其能获得良好的评价。另外，我推荐使用第 3 章的教学质量检核表帮助教师进行自我评价。

让教师使用你将使用的工具进行自我评价，通过这种方式，教师可以学习评价工具中的内容。通过阅读评价说明和分析结果，教师可进行自我反思。这种学习经验使得绩效考核会议上的讨论更有意义、更丰富，能使教育领导者和教师之间进行经过深思熟虑的思想交流。

测量幼儿学习的工具

对幼儿学习的评价非常重要，它能发现幼儿如何学习以及学到了多少。它是学习质量的标志。你所在的机构可能有一些教师已经使用过的、可靠的、有效的评价方式，例如高瞻课程的学前儿童观察评价系统（COR）、作品取样系统（Work Sampling）、教学策略的金牌儿童评价系统（GOLD）或者其他评价方式。你也可以使用发展适宜性的评价标准，例如学前儿童个体发展指标系统（myIGDIs）或皮博迪图画词汇测验（PPVT）。这些评价结果（关于教学结果质量的证据，见第 3 章）可以作为教师评价公式的一部分。早期幼儿教育以学习基本技能为主，为后续的学习做准备。教师有责任教授这些技能。

幼儿档案袋

幼儿档案袋包括幼儿一直以来学习、工作的案例。例如，从去年 9 月到今年5月教师分阶段收集幼儿书写自己名字的样本。书写教学已经成为课程的一部分，那么字母组合和排列的稳定发展就会说明幼儿的学习程度。其他样本还包括教师收集的幼儿搭建积木的照片、二年级学生正在做的数学问题以及学步儿分享玩具时的照片或视频。

如果你想让教师创造出含有特定内容的儿童工作档案袋，就要给予教师充分的关注，并要求教师把档案袋和分析带到回顾会议上。

从其他投资人那里收集数据的工具

你的评价、教师的自我反思以及幼儿的学习成果还不足以全面反映教学质量。教师是在含有其他成人的环境下从事教学的。例如，幼儿和家庭是幼儿保育和教育的客户，每年至少应有一次审查教师服务的机会。同事之间也有频繁的交流，可以相互提供宝贵的数据，这些数据是领导者在其他地方无法获取的。在使用这些工具之前，我建议你将工具呈现给教师，并和他们一起讨论。他们需要知道这些调查是匿名的和保密的。要向教师解释，你会将结果制成表格，并准备了一个小结。

家庭调查表

如果你的机构中心没有家庭调查问卷，我建议使用我设计的家庭调查表（见第67页表，附录中有可复制的版本）。这个调查表与第3章教学质量检核表相对应，如果你将这些检核表作为评价工具，那么调查的信息在同一项目中会产生相关性。我建议你在星期五对家庭进行调查，并在一周内归还。最好提供纸质版，并且返回的信封可以密封。

同事调查表

除了来自家庭的反馈，你还可以考虑对同事进行调查（见第68页表）来收集数据。附录中有可复制的调查表。同行教师经常可以看见领导们无法了解的专业实践、优势和局限性。尽管同事之间可能会对彼此的评价感到紧张，但这仍然是一种很好的做法。在会议中听取同事们所关心的事情，以此来决定你是已经做好了进入下一步的准备还是想等待下一轮的评价。

家庭调查表

亲爱的家庭成员：

　　作为教师评价过程的一部分，我们请求家长提供反馈意见。所有调查都是匿名的，我们将综合所有调查信息后与教师分享结果。请把已完成的调查表放在信封里，并放在总服务台的家长调查表信箱中。谢谢您的参与。

教师姓名：_____　日期：_____

中心 / 学校：_____

我的孩子的教师……	是	有时	不是	不知道
1. 打扫和布置教室。	☐	☐	☐	☐
2. 能管理好孩子们的行为。	☐	☐	☐	☐
3. 与我的孩子关系融洽。	☐	☐	☐	☐
4. 向我解释课程。	☐	☐	☐	☐
5. 教我的孩子一些社交技能（分享、礼貌、关心等）。	☐	☐	☐	☐
6. 教我的孩子一些学习技能（谈话、阅读、数学、写作等）。	☐	☐	☐	☐
7. 提供好玩、有趣的活动。	☐	☐	☐	☐
8. 评价我孩子的进步并告知我。	☐	☐	☐	☐
9. 和我交流顺畅。	☐	☐	☐	☐
10. 友好，乐于助人。	☐	☐	☐	☐
11. 穿着和行为上很职业。	☐	☐	☐	☐

我还想说……（请在下面写下您的其他评论）

同事调查表

亲爱的同事：

　　作为评价过程的一部分，我们征求你们的反馈。所有调查都是匿名的。我们将综合所有信息后与教师分享结果。谢谢您的参与。

教师姓名: _____ **日期:** _____

中心/学校: _____

我的同事……	是	有时	不是	不知道
1. 打扫和布置教室。	☐	☐	☐	☐
2. 能管理好学生的行为。	☐	☐	☐	☐
3. 和孩子们关系融洽。	☐	☐	☐	☐
4. 解释幼儿中心或学校的课程。	☐	☐	☐	☐
5. 教孩子们一些社交技能（分享、礼貌、关心等）。	☐	☐	☐	☐
6. 教孩子们一些学习技能（谈话、阅读、数学、写作等）。	☐	☐	☐	☐
7. 提供具有发展适宜性的活动。	☐	☐	☐	☐
8. 评价孩子的进步，并与同事讨论这些数据。	☐	☐	☐	☐
9. 与我沟通良好。	☐	☐	☐	☐
10. 友好，乐于助人。	☐	☐	☐	☐
11. 穿着和行为上很职业。	☐	☐	☐	☐

我还想说……（请在下面写下您的其他评论）

评价不应基于个人观点或道听途说。要使数据可信，必须基于真实的信息，如教室里发生了什么，孩子们学了什么，老师做了什么。这类数据是使用上述工具收集的。

理解了自己的评估工具包中有哪些工具之后，你就要准备好开始规划你的评价。接下来我将提出几种评价模型，这些模型已经成功地在幼儿中心实施过，或在其他培训中使用过。

教师评价的综合模型

你已经决定要为员工创造一个评价系统。你知道它对幼儿中心或学校的教师有重要意义，最终对你服务的儿童们也有意义，他们将获得更好的教育。评价将会帮助监控教学质量，并为教师技能的提升提供支持。当你相信评价的过程对教学有益时，在日常工作中你也许会想出很多新的挑战。定期评价教师最难的是在评价的初始阶段。在这个阶段你要确定什么时间，使用什么工具，如何以最佳的方式参与教室活动，如何与教师谈论结果，如何使评价成为富有成效和积极的经验。

下文提到的步骤模型会回答上面的这些问题，并帮助你将方法系统化，使评价成为日常工作的一部分。该模型基于前面提到的 360 度数据反馈概念、平行过程和五项指导原则。教师不仅接受教育领导者的评价，还要接受家长、同事和教师自身的多方位评价。当评价做得好时，不仅能强化评价专业技能和发展的原则，还能强化其他四项原则，即创造一个相互关爱的工作环境、提高专业能力、提供适宜的指导和资源、促进在学前教育领域的参与，因为良好的评价和实践相互依赖。最重要的是，这个模型只需要六个步骤。

1. 明确你对教师评价的看法。

2. 选择或开发评价工具。

3. 实施评价。

4. 分析结果。

5. 交流结果。

6. 跟进回顾。

为使评价过程能顺利进行，教师必须参与每个阶段的实施。因此，除了解释如何实施每一步，我还会说明教师该如何参与到这些步骤之中。本章我们将一起跟着萨拉走进她第一次评价教师的工作。阅读这些内容的时候，要思考一下她的尝试与你的尝试之间有什么联系。

第一步：明确你对教师评价的看法

你想评价教师，但是不知道如何开始。首先，花几分钟时间解释你为什么要对教师进行评价。可能是所在组织的要求，可能是这种挑战引起了你的兴趣，也可能你想提高评价工具质量评价和改进系统（QRIS）或早期儿童环境评量表（ECERS-R）的等级（包括分量表）。也许你还没有一个评价系统，或你的系统还不够完善，这些都可以成为评价的理由。

现在，你希望从评价中得到什么？如果这是你第一次尝试评价，可能你只是希望在你的机构中和质量评价和改进系统（QRIS）评级过程中改善教学质量。如果你一直在进行评价，可能会对自己的努力有更具体的期望，比如通过支持教师在这个领域的需要来改善学习领域的成果。不管你的理由是什么，想达到什么目的，保持这些想法就能在前进的时候激励你。

萨拉：中心主管

萨拉经营着一家独立的幼儿养育中心。这个中心没有评价系统。在了解了早期儿童环境评量表（ECERS-R）和全美幼教协会（NAEYC）认证指南后，她发现自己需要一套评价标准。要想成为高质量的教育机构和获得高分数的教育中心，每年必须提交至少一份正式的书面评价。其他质量指标包括进行频繁的观察（另一种形式的评价）、提供支持性反馈、实现教师的自我评价、指出教师的优势和需要改进的地方、采取措施弥补评价结果。考虑到这些准则，萨拉决定给自己六个月时间向教师们讲授评价过程，并完成与教师们的第一次正式书面评价和讨论。她决定从六位骨干教师开始。

一旦决定实施评价，并明确了对教师们的看法，就要向他们传达你的意图，这样可以给他们提供反馈的机会，让他们表达对这个评价过程的期望与担忧。它实际上给你提供了解决问题的机会。事先与教师们沟通你的计划，

萨拉：中心主管

萨拉在一月的员工会议上宣布，她正式建立了一个评价系统，并将在六月实施。萨拉解释说，为了获得认证，该中心需要一个良好的却一直缺失的教师评价体系。她希望教师们对她的时间表进行反馈。一些教师说，他们希望这段时间更短，比如四个月。一位教师问，评价的后果对他们的工作有什么影响。萨拉解释说，评价并不是为了让他们对自己的工作感到恐惧，而是为了帮助大家成长。她说，就像教师必须对幼儿进行评价然后有意识地对幼儿的学习提供支持和指导一样，教师也必须接受学校的评价。萨拉告诉他们，她的目标是支持他们，而评价将有助于这一切的努力。

你就会与教师建立信任，维护而不是破坏工作者关爱共同体（见第 2 章）。

第二步：选择或开发评价工具

一旦明晰了你对评价的想法和意图，你就知道用什么工具衡量教学质量了。你的中心或学校可能已经有了评估教师表现的工具和标准，如果没有，你需要从零开始开发工具或决定使用哪些经过验证的评价工具。你可以使用本章前面对评价工具的描述来指导自己选择合适的工具。

确保主要的评价工具允许 360 度反馈，也就是可以从你自己、教师或其他投资人那里收集数据。另外，要确保评价工具的内容能充分评估第 3 章所介绍的教学质量的三个方面：教学行为、教学结果和专业行为。前文的教学质量清单是对每个方面细节的总结。

萨拉：中心主管

萨拉决定使用早期语言和读写课堂观察工具（ELLCO）和第 3 章提到的教学质量评价检核表来进行第一次评价。选择早期语言和读写课堂观察工具 (ELLCO) 是因为它已经过验证，她希望与投资人分享一些很难得的数据。选择教学质量评价检核表是因为检核表与他们的日常生活需求相关联。她也会运用家庭调查和同事调查来调整机构中心的语言。

一旦选择了评价标准和评价工具，就要把你的决定传达给教师，因为教师评价不是临时性的活动，教师们必须知道评价什么。他们应当熟悉评价领域的所有标准和期望以及你的教育中心或学校的期望，包括你对教学行为、教学结果和专业行为方面的期望。

萨拉：中心主管

在后来的关于评价的沟通会议上，萨拉给教师们分发了教学质量检核表让他们阅读、讨论。教师们提出问题并澄清了疑问。他们同意用检核表来检验他们的工作。

萨拉告诉教师们，她会用这些标准清单对他们进行评价，并且他们会用同样的工具评价自己。她解释道，她还将从三个方面收集数据：家庭调查、同事调查和幼儿学习结果。同事指教师助手和其他领导教师，幼儿学习结果的数据来自教师自己对幼儿学习的评价。

在正式的课堂观察中，萨拉告诉教师她将使用早期语言和读写课堂观察工具（ELLCO），因为中心非常关注早期读写。萨拉展示了她将使用的所有收集数据的工具。

第三步：实施评价

为实施评价，你要使用已经选择的工具来收集数据，并在前期与教师交流收集的所有数据。特别要注意教室里的观察。

教室里的观察

尽管需要让教师知道你会去观察她的教室，但观察的日期和具体时间不应该固定。这样，你可以灵活地安排日程，教师也不需要为了你而有特别的安排。你观察的只是常规的一天。

在观察过程中，要使用你的观察工具，并做好笔记。要融入教室环境。当你走进教室时，要向教师和孩子们微笑，但不要引起官方的欢迎或介绍。不要与孩子进行互动。如果他们走向你并问你在做什么，简单地回答"我在这里看你们学什么"。你需要不引人注目，这样才能以最真实的方式看到课堂互动。

花几个小时在教室，这对观察正式的和非正式的教学活动来说非常重要。正式的活动可能包括一个小组的数学课、集体的大声朗读、个别的书写教学。非正式的活动可能包括排队去厕所、吃饭，或者从圆圈时间过渡到体育活动。在一个好的早期教育环境中，所有时间都是"教学时间"。

观察教师的人只有在不能再等的紧急情况下才能离开教室。不能使用电话。你要传递的信息是你非常重视这些观察，这样你进行反馈时才有可信度。

家庭调查、同事调查、教师的自我调查

可以用单独的信封将调查分发给同事和家庭，并询问他们这周是否能返回结果。设计特殊的盒子或架子回收结果。不要期待能百分之百回收。如果你能回收一半，就可以获得充足的信息。

在你分发其他调查表的同时，要为教师分发自我评价的工具。在绩效考核会议之前，教师不需要提交他们的自我评价。自我评价是为评价会议做准备的，可以让他们把自我评价带到会议上。

幼儿的学习结果

回顾通过机构收集的幼儿学习结果。要求教师将评价文档和幼儿的作品样例带到评价会上。

第四步：分析结果

在分析结果的过程中，有五个方面的信息可以利用，包括你自己、教师、家庭、同事和幼儿学习结果。现在，你的任务是回顾所有的数据，这样你就可以检测教师工作中以下三个方面的质量：教学行为（教师做了什么）、教学结果（幼儿学到了什么）和专业行为（使一名教师成为优秀教师的行为）。回顾和分析以下数据。

◆ 为每位教师创建一个文件夹，从各种资源中组织数据。
◆ 把从家庭调查和同事调查中得来的信息列在表格中，并汇总他们的反馈。
◆ 为你所使用的评价工具和观察工具进行评分。
◆ 寻找规律。

分析是评价过程中很重要的一个环节。不要急。花一些时间根据分析数据列出教师的优点和缺点。在不同来源的数据中寻找相同点和不同点，提出

一些非评判性的、探究性的问题向教师提问，这可能会帮助你在会议期间找到解决问题的方法。你将在评价会议上与教师们一起完成数据分析。

第五步：交流结果

O.女士教二年级。她与学生们相处融洽。她的课堂富有成效且很安静。家长们爱她。她遵守课程。她的学生在阅读和数学方面有很好的成绩。她的出勤率很好，几乎从来没缺席过。她和同事相处得也很好。

B.女士是一名学前班教师，与孩子们相处融洽。家长们爱她。她不遵守课程。那些秋季入学、成绩较好的孩子在不断进步，越来越好。那些入园时分数就比较低的孩子仍然保持低水平，没有进步。她与同事相处得也很好。

A.女士教幼儿园的孩子。她与孩子们相处得不是很好。她的班级比较混乱，家长们担心她缺乏交流。她不能紧跟课程。大部分孩子没有为进入学前班做好准备。她每天都出勤，几乎没有缺席过。她和她的教学助手经常产生冲突。

T.女士是一名学步儿教师。她和孩子们相处融洽。她能为孩子们准备很有趣的活动。家长比较担心他们收到的一些意外事件报告。教室必须保证安全，但是家长想知道T.女士是否能够监督和适当地引导学步儿。她有很好的出勤率。

四位教师，四种情形。这些例子反映了大致的评价结果，有些结果需要你与个别教师进行交流。很有可能，对O.女士的绩效考核最不具有挑战性，对A.女士的绩效考核最具有挑战性。但是，为了保持或提高他们的教学质量，四位教师都需要获得诚实而细致的反馈。

会议前

提前安排和教师见面的时间，这样你们都有时间做准备。选择一个对你们来说都方便的时间。为会议制订一个一至两小时的流程。

回顾一下数据分析，然后把教师评价文件夹中的所有数据资源组织起来，为会议做好准备。更新关于觉得满意的领域和需要改善的领域的记忆，带着积极的、不带有偏见的态度开始会议，准备好解决问题和与教师合作。

请教师检查自己的自我评价，回顾对幼儿的评价结果，准备好儿童作品的样例和其他任何在会上可能会有用的数据或想法，让教师为会议做好准备。鼓励教师参与，并表达他们对自己的工作的期望。在回顾表现时澄清预期中的差异是合适的时间。

会议中

在私人空间开会可以减少被打断的机会。如果可能，在一张桌子上开会，让你和教师们围成一个 90 度角。这样你们可以面对彼此，虽然没有直接面对面，但可以同时看到数据。桌子也有利于做笔记。

会议应关注分析和讨论数据，而不是把评判安在作为个体的教师身上。正如第 2 章讨论的，数据是关系的建构者。数据将带着头脑和眼睛的两种人联系起来，他们一起回顾相同的信息。让会议聚焦于数据，你和教师为进行绩效考核而收集的所有数据，包括幼儿评价结果、课堂观察结果、儿童作品样例、照片、视频、教师笔记等。

会议不应该是教育领导者对教师的单向独白，而是关于怎样使课堂进展得更加顺利和改进什么的专业对话。一定要保证倾听和提问，用问题帮助教师澄清、解释和反思，而不是审问他们。以下是在会议期间需要避免的行为。

◆ 着急："我只有几分钟……"
◆ 跳转到另一个问题："有件事情我需要告诉你……"
◆ 问"为什么"："你为什么……？"
◆ 评判："我注意到当你……时，它并不是很有帮助。"
◆ 讽刺："你从哪里得到这么聪明的主意？"
◆ 与其他教师比较："P. 女士这样做……"
◆ 与自己对比："我做教师的时候，我……"
◆ 说话绝对："你总是……"或者"你从没……"。

以下这些做法很好。

◆ **会议开始时先感谢教师们参加这个会议**。毕竟教师要从一天中抽出时间来参与这个过程。

◆ **先肯定好的工作。**从积极的方面开始有助于为会议定下基调。

◆ **询问教师工作中最顺利的是什么。**要给她表达和解释自己观点的时间。

◆ **询问教师工作中最不顺利的是什么，或者问她想改变什么。**这是解决问题的有效方法。通常情况下，教师的担忧也是领导者的担心。因此，这是分享、合作和解决问题的绝佳机会。

◆ **关注幼儿的利益和结果。**这提醒你们，教学的目的是促进儿童学习。加强因果之间的联系。

◆ **要求澄清。**在适当的时候说："告诉我更多……"或者："这是怎么发生的？在这种情况下会有什么帮助呢？"

◆ **专注地倾听、点头和微笑。**这表现出了同情心和兴趣。

◆ **使用行动导向的单词，包含：*成长、成绩*（achievement）*、发展、进步、成功*（success）*、成就*（accomplishment）*、挑战、可管理、未来、计划、期望、合作团队、结果和支持。***这些词可以帮助你想象出积极的解决办法。

◆ **保持冷静。**即使感到焦虑或愤怒，也要保持冷静。这时候需要你评估一下情境，其中可能有更多需要解决的问题。

结束会议时要制订一个计划，其中包括明确的要改进的目标，你可以在后期的观察中跟进。以下目标（SMART）比较符合标准。

◆ 具体的（Specific）

◆ 可测量的（Measurable）

◆ 可实现的（Achievable）

◆ 有关联的（Relevant）

◆ 有时限的（Time-bound）

会议最后也是提供可能满足教师需要的资源和专业发展机会的时段。

改进计划、教师当前的成就以及其他重要信息都应该以文件的形式进行总结。在会议结束时，你和你的教师应为这份总结制作多个副本。

下面是绩效考核总结和计划样表（见第 77 页）。附录中有可复制的版本。

绩效考核总结和计划

姓名：_____　日期：_____

我们已经回顾了教师三个方面的表现：教学行为、教学结果、专业行为。

任务（标出每个教学领域，使用检核表）：

发展领域（教师需要做什么才能提高专业性）：

作为会议结果的计划（SMART 目标，可能涉及一个或多个评价领域）：

1.

2.

3.

教师的责任和时间表：

管理者的责任和时间表：

后续会议：

萨拉：中心主管

萨拉和学步儿班教师 T. 一起使用绩效考核总结和计划表。萨拉填写了前两部分（任务和发展领域）。会议期间，萨拉和 T. 老师对计划、责任和时间表这三部分进行了讨论并达成了一致。

绩效考核总结和计划（举例）

姓名：___T. 老师___　　　日期：___3 月 15 日___

我们已经回顾了教师三个方面的表现：教学行为、教学结果、专业行为。

任务（标出每个教学领域，使用检核表）：

· 来自同事的积极反馈。

· 一些家长对 T. 老师的友好给予积极的反馈，也包括担忧（见下文）。

· 使用教学策略的金牌儿童评价系统（GOLD）评估出的幼儿成绩显示，有几个孩子有很好的运动技能。

发展领域（教师需要做什么才能提高专业性）：

· 家长担心安全问题。四位家长提到他们收到关于孩子被玩具绊倒或撞到家具的意外事故报告。虽然没有严重的伤害，但他们觉得一些肿块和擦伤是可以避免的。

· 活动室安排得不合理。

· 教师需要针对孩子的旺盛精力调整课程。

· 用大型陈列柜识别教室中的盲点。

作为会议成果的计划（SMART 目标，可能涉及一个或多个评价领域）：

1. 与孩子和同事保持积极的关系。

2. 立刻解决安全问题。

3. 修订课程以满足幼儿旺盛的精力和探索的兴趣。

教师的责任和时间表：

· 明天：改变货架位置，消除盲点，让孩子随时都能被看到。

· 下周：回顾课程计划，在计划中加入对学步儿来说具有发展适宜性的安全活动。使用哈斯特（Hast）和霍利菲尔德（Hollyfield）的《婴儿、学步儿经验》资料书，重点关注"第四章：好奇心"和"第七章：促进协调"。

· 每周：选择、实施两个新活动，重复幼儿喜欢的成功活动。

管理者的责任和时间表：

· 在两天内：参观教室，查看新家具的布置。

· 监控事故报告，和每位教师讨论每一个问题。

· 每两周拿出 15 分钟继续观察教室。

· 给家长发送邮件，告知家长教室中的积极变化。

后续会议：5 月 15 日跟进目标是否达成。

摘自安热勒·桑乔·帕塞的《幼儿园教师评价与支持》(2015)，本页可以复制，仅限在教室内使用。

第六步：跟进回顾

会后回顾对保持和树立评价过程中的信任感至关重要。这不仅是教师们需要努力实现的目标，也是领导者们应尽的职责。后续工作包括定期的观察，以及由主管或具有特定技能的人士以教练身份进行的培训。例如，如果一个学生的数学成绩较低，并且观察发现，他的老师没有组织足够的数学课程或没有教好，那么，在接下来的 4 个月，这位教师可能就要接受数学指导。

在评价会议上要安排好后续观察的时间表。坚持按时间表来完成工作很重要。如果要提供一些资源（图书、文章、材料或工作登记簿），那么应立即提供。要确保教师能在时间表内自主地实现目标。领导者的工作是积极面对发生的行动，同时保持警惕。

后续观察（及随之而来的后续观察）结束后，要再安排一次会议，与教师一起回顾目标完成的进度。你只需要花费 30—45 分钟去回顾。回顾过程中，如果教师已达到或超越这个目标，你可以调整目标。如果教师都没有达到目标，就与教师合作，想出新的解决方案来实现目标。

绩效评估的目的是帮助教师反思自己的工作，以更好地完善他们的实践。这不仅仅是管理责任，还是领导力的体现。你要让教师为他们的工作结果负责。同时，你自己要成为一个重要的角色示范，就像教室里的教师为幼儿的学习提供支架，并促使他们成功一样。

解决行为问题

当管理者已经担心员工的当下表现时，他需要遵循自己的直觉。他要用聪明的头脑，并付诸适当的、符合伦理的行动，而不仅仅是希望事情自然而然变好。这里有一些指导原则可以帮助你思考要解决的问题是什么，应何时以及怎样解决。

乔恩：校长

乔恩发现有个棘手的情况。B 学前机构的一名教师怀孕了并且情况不乐观，不得不回家休息，因而突然停职。乔恩希望在她生育离开的期间能找一名顶替的教师，但是时间比较紧张。短时间内，乔恩找到了两名候选人。他们的资质都很好，其中一个面试表现不是很好，另一个不是一流的教师，但是也还好。在这种情况下，乔恩决定雇佣教师鲍勃。

一开始就出现了尴尬的情况。鲍勃迟到了两次，每次都有理由，每次都在一定程度上扰乱了教室。这令助教比较生气。在教室里，鲍勃似乎在试图和孩子们建立良好的关系。对乔恩来说，这是个慰藉。然而，鲍勃没有遵照乔恩给他的计划和课程。这是完全自由的一天。行为问题开始出现了。雇佣鲍勃仅仅三周，乔恩开始担心并再次怀疑自己的决定。

什么时候解决问题

当你第一时间注意到问题时就应该采取行动。这对于拥有一颗善良的心并总希望事情自然变好的主管者们来说有一定的困难。不幸的是，事情很少会自然变好。回避问题有可能是因为领导者事情太多或缺少技能去帮助他们。他们通常害怕因为干涉而让情况变得更糟，所以乐于想着积极的一面，忽略消极的一面。下面的四条标准可以帮助你判断什么时候需要立即行动。如果出现任何一条，你都应该开始行动。

1. 教师的行为影响了幼儿的学习。
2. 教师的行为影响了他或她的工作表现、同事的工作表现或所在中心、学校的工作。
3. 不遵守劳动合同。
4. 违反法律规定。

乔恩：校长

乔恩和鲍勃一起分析了现状。

情况 1：鲍勃和孩子们的关系很好，但是孩子的学习因为鲍勃无视课程以及缺乏课程计划而受到影响。

情况 2：鲍勃的迟到对助教和中心的正常运行产生了负面影响。

情况 3：员工手册里明确规定要按时上班，所以迟到是不被允许的。

情况 4：鲍勃的迟到影响了法定要求的师生比率。

乔恩知道，出现这些情况时就需要采取干预措施了。

怎样解决问题

有效的沟通是关键，尤其是有问题需要解决的时候。解决问题最好的办法就是和这位教师正式地开个会。不要匆忙地强行把教师"抓"来。这种谈话需要私下进行，不应操之过急。

对话中的沉默和暂停是一种有效的方式，能给教师时间去思考。整个对话中应尽量使用平静的语调。表达愤怒（即使你真的感到愤怒）从一开始就会导致防御性的、无建设性的谈话。同时，过于友好也会让你传递的信息令人困惑。这儿有一些解决教师行为问题的提示和乔恩在会议上使用它们解决鲍勃问题的例子。

◆ **做记录**。在这个例子中，乔恩从会议一开始就让鲍勃知道他会做记录，因为他想记住鲍勃说了什么。即使在做记录的过程中，乔恩也应该继续保持和鲍勃的眼神交流。

◆ **陈述你所关心的问题**。乔恩可能说："鲍勃，我想谈谈我关心的出勤和课程两个问题。"

◆ **描述问题及其影响**。关于出勤问题，乔恩可能对鲍勃说："我注意到你已经迟到两次了。这影响了孩子们和你的同事，也降低了中心的教育质量。当你迟到了，我们必须推迟早饭的时间。"

◆ **提醒教师教育机构对他的期待。**乔恩可能会提醒鲍勃，在出勤和课程两方面期望鲍勃怎么做。

◆ **使用客观的工具。**乔恩可能提到员工手册标准、《全美幼教协会道德行为准则》、《早期教育通用标准》，或者本州早期学习标准去支持他上面提出的期待。

◆ **问开放性问题。**问题可能包括：这种情况是怎么发生的？你还有什么补充的吗？什么对你有帮助？我们应该做什么样的计划？

◆ **不要打断。**这个时间应该是教师和领导之间的对话，轮流表达和倾听对方。为了减少打断的可能，乔恩决定，当他倾听鲍勃说话时，将注意力集中在做详细的记录上。

◆ **认可他人的感受。**乔恩可能向鲍勃做出这样的陈述："我知道它有多难。"或者："我猜想它一定是一个挑战。"

◆ **坚持主题。**如果对话开始跑题，乔恩可以这样说："鲍勃，停留在这个话题上很重要，我们必须解决这个问题。"

◆ **保持耐心。**教师需要时间梳理情感，理解行为的因果关系。

◆ **提出一个双赢的解决方案。**提供一起解决问题的资源和意愿，以一个对双方都有效的行动计划结束会议。在这个案例中，乔恩可能写下他和鲍勃达成的解决问题的步骤。

　　——早上鲍勃将提早设定闹钟，以确保他有足够的时间来准备并按时到达中心。

　　——乔恩将会强调鲍勃应该执行的那些课程。

　　——鲍勃将继续遵守上一位教师的一日常规，以为幼儿提供稳定性。

　　——鲍勃和乔恩将在每周四会面30分钟，来讨论下周的课程计划。鲍勃要解释他的计划，然后寻找资源和想法。

◆ **对后果有清晰的认识。**要想提供合适的支持，公平、客观、明晰这三点缺一不可。在解决行为问题时你的角色是帮助教师成功。为了成功，教师必须理解不遵守最后解决方案的后果。你必须清晰地表达，如果没有改进将会发生什么。用书面文件记录下结果，文件末要包括所采取的行动和时间线。乔恩形成了下列文件。

——鲍勃和乔恩从 11 月 1 号开始执行这个计划。

——在每周会议的基础上，这个计划将在三个月内即 2 月 1 日被正式地重新评估。

——这个计划是没有商量余地的。如果不遵守就会被解雇。

解决行为问题可能不那么令人舒适，尤其是刚开始的时候。但是，如果你想保证所在机构的教学质量及儿童教育质量的话，这样做就是必要的。

当行为问题没有改善时要做什么

职业道德评价要求必须告知教师他所存在的问题，并设定了期待，同时提供了指导和资源。如果一个员工无法改善行为问题，它不应该是因为主管者放弃或忽视了不好的行为。这是失职的领导。领导必须严格管理并充满激情，同时有条不紊地推动员工的进步。解决行为问题的目的不是为了惩罚，而是为了帮助教师改善和掌握更好的行为与做法。

如果教职人员的行为确实没有改善，那么有必要根据道德行为准则来解雇这个人（P-3.11）。最终，教育领导者要对幼儿的教育负责，一个无影响力的教师伤害的是儿童的成长和终身发展。

以评价为责任

在最近的公开讨论中，教师联盟成员提出取消学业测试（academic testing）。他们认为，评价幼儿的学习浪费太多时间，这些时间应该被用在指导学生上。在这一地区，教学结果（学业测试）显示，许多儿童学业失败。

造成儿童学业失败的原因不是儿童本身，而是那些不适合儿童学习方式的教学造成的结果。有时候，儿童无法学习是因为教师不知道做什么，也不知道儿童需要什么样的教学策略。有时候，儿童无法学习是因为教师选择遵循自己的个人选择或兴趣，而不是最好的教学实践。在这一地区，儿童学业失败不是因为教师花了太多时间去评价儿童的学习，进而没有足够的时间去教学，而是因为儿童所接受的教学质量不高。

　　为了提高学业成绩，幼儿需要的不是更多的教学，而是更好的教学。但是，由于这个学区没有定期评价教学质量，也不分析问题的原因，因而它们没有在学习结果和教学质量之间建立联系。教师联盟建议取消学业评价是对他们所收集的有限数据的误解。

　　这就是为什么教师评价是一项严肃的责任。评价是"在各方面都表现卓越"（Copple and Bredekamp 2009）的一部分。它强调专业发展是达成幼儿教育目标的重要一步。我们必须用评价幼儿学习的精神来对教学进行评价，这样才能保证提供优质的教育。

反思的问题

　　1. 阅读本章后，你设想一下，在你的工作单位该如何开展教师评价？对你们已经做出的评价，你想要补充什么想法？

　　2. 如何让评价幼儿和评价教师同时开展？就这个问题和你的同事展开讨论。

第5章
支持幼儿教师的工具与技术

本章导读

《幼儿园教育指导纲要（试行）》中提出："评价的过程，是教师运用专业知识审视教育实践，发现、分析、研究、解决问题的过程，也是其自我成长的重要途径。"首先，本章从评价入手，阐述仅仅依靠评价是不能促进幼儿园教师专业成长的，教育领导者需要依据评价数据生成支持教师专业成长的最佳方法。其次，本章指出支持教师专业发展应包括4个方面，分别是：（1）联系数据关注教师培训；（2）对最佳实践进行自学；（3）对教师在培训中的所学表达关注；（4）督促教师加入专业组织。再次，本章立足帮助幼儿园教师反思自己的教学行为以改进自己的工作，进而提出了反思型实践，并提供了教师反思的范例。

本章还提出了为全体教师提供服务的有效方法——训练，就是利用观察和评价得来的数据，通过提供一套专项行为和互动内容来支持教师的专业发展，内容包括：训练资源、训练规则、运用数据进行训练、训练方案（包括前观察、观察、设计观察后讨论会和观察后讨论会）、制订训练计划等方面。另外，文中还提出，促进经验型教师和新手教师之间更加正式的导师关系也是一种支持教师专业发展的有效方法。最后，文中为教育领导者提供了一些有效的建议，如将培训后仍然无法胜任教学岗位的幼儿园教师调到更合适的岗位，保持幼儿园教师的积极性和斗志等。

本章结构图

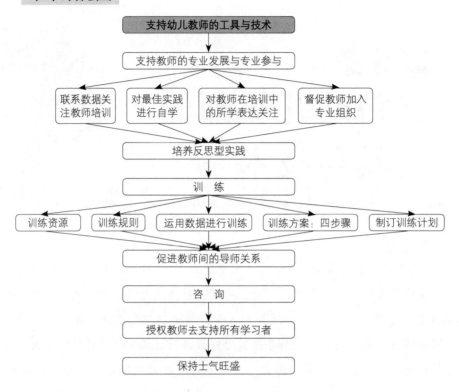

教师仅仅知道怎样评价幼儿的学习是不够的。评价只能简单地告诉教师学生的现有水平，并测量学生今后一段时间的进步；评价本身并不会带来进步。然而，教师会用从评价中获得的数据来设定下一步他们认为适宜的教学方式，进而支持幼儿的学习。同理，评价教师也不足以促进其成长。教育领导者必须利用评价数据来提出支持教师专业化发展的最佳方法。在《全美幼教协会道德行为准则：关于学前教育机构管理者的补充说明》（NAEYC 2011a，5）一书中，作者列举了两种模式，对此类职责做出了详尽的描述。根据这些模式，教育领导者对如下行为负有义务。

1. "训练（coach）和指导（mentor）教师，帮助他们意识到自己在早期儿童教育领域的潜能"（I–3.3）。

2. "鼓励（encourage）并支持（support）教师的持续发展，使他们逐步成长为具备更多教学技巧和知识的实践者"（I–3.5）。

支持教师的成长包括培训（training）、训练（coaching）和指导（mentoring）三方面，并要通过基于关系的实践（relationship–based practices）实现。所谓"基于关系"，即不仅将教师看成一种职业，还要将其看成另一个可以与你建立关系的活生生的人。训练（coaching）、指导（mentoring）、引领（leading）和监管（supervising）这几个概念之间有重叠部分（Glickman 2002）。好的教育领导者（leader）同时也是一名好教练（coach），此时他的支持行为会更加有效。一名好教练也需要兼具指导性和支持性。

成为教育领导者会让你有权力去实现提高教学质量的使命。但是，在你努力支持教师的过程中，不能简单地对教师提要求。这么做并不是基于关系的做法。一个严苛且不能灵活对待规则的专横领导无法让员工感受到自身的优秀，从而无法让其做到最好。员工们或许因为害怕而遵守规则，但他们心底可能并不理解那样做的原因。在这种情况下，教师们不会感受到自身的专业性——他们只会照本宣科地盲从。这种情况通常不会取得好的成效。

还有一种截然相反的方式就是比较宽容的领导风格，没有教条，极少要求，并且绝对自由。宽容型的领导基本上不规定什么条条框框，即便有也只是一点点提示。这种情况通常会导致"放羊状态"，没有人能预见会发生什么。这种方式同样收效甚微。

权威式的管理方式效果会更好一些。权威式的领导（an authoritative leader）遵循并提供一些明确的规则。但是，在这些规则的范围内，教师可以自由地尝试新的想法和活动。权威式的领导会定期对教师进行评价，进而可以根据实际需要调整规则和方法。

当你依据本章节中支持教师的思路开展工作时，你要检视一下自己的领导风格，评价自己是更倾向于专横的、宽容的还是权威的风格。思考你的领导风格在你的机构中是否有助于支持教师以及改进教学质量。

支持教师的专业发展与专业参与

评价和支持教师有两条重要的指导原则。

1. 促进教师的专业能力发展。

2. 促进教师在学前教育领域的参与。

支持教师的专业发展和参与是遵循这两条规则的核心因素。要利用评价得来的数据准确定位教师可以从哪些校外专业经验中获益。如果不能跟进的话，仅仅简单地组织教师参加培训或为其买票听专业讲座并不足以提升他们的技能（Fuller 2011）。

联系数据关注教师培训

在职培训一般被指定围绕诸如健康或预防儿童受虐等话题展开讨论。法律通常规定了每年接受培训的最少课时。学习内容一般是关于儿童发展、课程、教学指导、更新认证或继续教育的，不管教师自身是否真正需要学习这些内容来帮助其提升技能，他们都得接受培训。个别人决定了参加哪个工作坊，并通常基于个人是否方便如个人行程或兴趣来报名。

结果就是教师擅长的就越做越好。例如，如果一位教师不喜欢早期数学，但对儿童文学兴趣盎然，她可以选择上文学课，来了解更多相关图书和作家。这可能便于她增强找到有趣故事书目的能力，但肯定不能提升她早期数学的教学技能。这种情况非常普遍，也通常难以察觉，除非教育领导者经常性地深入评价幼儿的学习情况，并且仔细评价教师的教学行为，如此他们才能意识到幼儿并没有学习特定学科。

利用评价得来的数据，多关注一下教师参加的培训，这样就能够引导教师去获得能最大限度地提升其技能的专业发展经验。教育领导者如果能够着眼于幼儿的学习成果并观察班级的情况，就能明了哪些内容进展良好，哪些需要进一步加强。你可以和教师一起设计出一种既照顾了个人需求，又涵盖了全体员工需要的专业发展模式。

完成培训后，要促进教师所学与所学对幼儿学习的影响之间的有机联系。教师要对幼儿的学习负责，否则参加培训毫无意义。你可以这样做。

◆ 组织一场"展示—演讲"。教师们可以简要总结他们的学习成果，并把这些学习和幼儿的需要联系起来。

◆ 建立私人博客或社交网站主页，供教师粘贴范例，展示他们如何借鉴培训建议促进幼儿的学习。

◆ 关注教师所用的新教学策略，并给予肯定。

对最佳实践进行自学

在培训中心，我经常听到老师们说："我真希望教学主管能在我身边听到这些。"关于当下最好的教育实践和标准，早期儿童教育的领导者应该具备过硬的知识储备——这绝不能仅仅是一纸空言，而要抓住最佳教育实践在操作过程中的优质细节。支持教师发展的教学主管和校长有责任将他们的机构进行公司化运营，但同时他们也是教育领导者，有义务对教师的发展负责。令人惊诧的是，教学主管或校长极少和教师们统一参加培训，这也就意味着当教师带着新知识回到岗位时不能得到领导的充分支持，因为他们彼此之间的信息不对称。

虽然和教师一起参加所有的培训不大可能，但是参加其中一部分是可以的。你也可以另辟蹊径地对当前的研究热点进行持续性的自我教育。

◆ 参加与你的机构需求最相关的专题研讨会；

◆ 留出专门的时间阅读堆积在案头的杂志和专著；

◆ 与当地的专业联合会取得联系，想办法加入教育领导者的研究团队中。

你必须对目前的最佳教育实践了如指掌，这样更容易取得他人的信任。自身知识储备过硬也可以防止脱节现象的发生，即防止你和教师的共同目标与你支持这些目标的行为之间产生出入。

对教师在培训中的所学表达关注

如果某次培训你跟不上同事的进度，我建议你在下次员工会议中组织一场简报。这样你就可以正式地更新教师的最新学习进展，而强于道听途说的效果。培训后，你也可以组织教师们完成简单的调查，让他们把学到的最重要的关键点写出来，还可以让教师把认为有必要实施的新知识写出来，这样你就切实帮助到了教师实施所学。收集完这些信息后，你还要不断地跟进。这样坚持做下去，教师们就会看到你对他们的专业发展感兴趣并很投入。下页表格是培训后的调查表。你也可以在附录中找到可复制版本。

督促教师加入专业组织

很多教师对专业组织了解甚少，如全美幼教协会（NAEYC）、美国儿童保育协会（the National Child Care Association，NCCA）或美国开端项目协会（the National Head Start Association，NHSA）。更有甚者，他们竟然不知道地方和州还有分会。他们不熟悉这些协会所提供的资源，遇不到工作单位之外的同行。与更大早期教育领域的隔绝加剧了教师的专业孤立。

很多教育领导者看不到他们在促进教师参与专业协会中应发挥的作用，这就意味着他们正在错失良机，不能支持教师扎根于本领域。通过鼓励教师参与，你可以帮助教师遇到那些正在经历同样欢欣和挑战的同僚，帮助他们认识到自己是更大规模教学运动的参与者。下面我介绍一些促进这种联系的建议。

◆ 分享你所接触到的专业协会的信息；

◆ 建立一个可以让教师查阅的囊括幼儿发展与课程著作的图书馆；

◆ 从专业协会那里收集一些新旧杂志和期刊，建立一个图书馆；

◆ 分享与日常工作息息相关的杂志和期刊文章；

◆ 组织关于上述文章的读书会，会上教师们可以就一些观点进行探讨；

◆ 为教师提供参加专业会议的时间和（全部或部分）费用；

◆ 为教师提供参加协会的全部或部分经费。

培训后调查

姓名：_____　　日期：_____

主题：

我刚学到的、想运用在课堂上的两项内容（知识或技能）：

1.

2.

我需要努力实现的三项内容：

1.

2.

3.

我想要在以下某个时间点回顾这些想法并制订好计划：

☐下周之内　　　　　☐一个月之内　　　　　☐三个月之内

培育反思型实践

面对幼儿，日复一日的工作节奏需要时常更新。教师必须整天不断地做决定。一般每位教师每天要做出成百上千个决定，很多决定与幼儿的人身安全相关。这些决定弄得教师压力重重，尤其在涉及婴儿和学步儿的情况下。教育领导者的一项重要任务是为教师创造机会，让他们稍事休整，反思一下这些决定，也就是反思自己的教育教学行为，评价和提升自己的工作。这样做是提升专业能力并提供适宜指导和资源这一指导原则的一部分。

反思型实践比较耗时，并且常常只是一种美好的设想。但是，如果努力去培养这一技能的话，还是有办法取得成效的。例如，把反思型实践活动添加在教师每日及每周工作流程的常规环节中。这一做法可以发生在每日或每周的开始、中间或结束时段。

为了做好常规的集体反思活动，你可以在教师休息室的墙上贴两张表，并附上提示，如：

我正在考虑的一件事情	今天课堂上精彩的一幕

　　鼓励教师任选一张表格，记录下他们的想法，然后每天检查实现的情况。在接下来的员工会议上，你就可以用这些材料来进行进一步的集体反思了。

　　对常规性的个人反思实践，你可以使用更简便一些的书面形式或电子邮件，来提出一周问题或提示，每周末再用这两种形式鼓励教师进行分享。

- ◆ 我引以为傲的是……
- ◆ 我学到了……
- ◆ 我还是对……感到困惑。

　　抛出关键问题是帮助教师深入反思自己工作的另一种方式（也是最佳方式之一）。关键问题可以引导教师积极反思那些经年累月都要处理的纷繁复杂的状况，如教师遇到一个挑战，又如你们一起分析数据。这些问题不是责怪或命令："你为什么要……？"这些问题应该是客观的，这样才能帮助教师深入思考，从而促进其技能的发展。这些问题的关键之处在于它们能够引发因果关系。这些问题通常解决的是反思的思维和情感方面。下面是一些可以用来帮助教师反思的问题范例。

- ◆ **预期性问题**：如果……，会发生什么？如果没有按照你的设想去做的话，会发生什么？
- ◆ **评价性问题**：在这种状况下，你认为怎么做最合适？你对此感觉如何？
- ◆ **说明性问题**：针对……，你能再多谈一下吗？你感觉这像是什么？
- ◆ **探究性问题**：要解决……问题，你会选择什么方式？还有没有更多的可能性？
- ◆ **趣味性问题**：这种情况下，你能发现什么有趣的事情吗？怎样才能更加有趣呢？
- ◆ **落实性问题**：针对这种情况，我们的行动计划是什么？为了完成这项任务，你需要什么？

- **因果性问题**：当……的时候，发生了什么事？如果……的话，会发生什么事？
- **学习性问题**：在这种情况下，你学习到了什么？如果必须重做一遍的话，你会怎么做？
- **结果性问题**：你希望达到什么效果？这看起来是什么样的？
- **资源性问题**：哪些资源会帮助你做决定？目前你手头有什么资源？
- **计划性问题**：完成这项任务需要准备些什么？目前做了哪些？
- **重点性问题**：在更大的背景之下，这有多重要？会有什么影响？

训练（coaching）

在早期教育领域，训练相对来说是一种新的策略。这是一种面向全体教师提供支持的有效方法，同时它在满足需要额外支持的教师方面特别高效。这类教师可能刚刚开始职业生涯，也有些工作几年的教师可能正在学习一种新的教学方法。有时训练可以作为正式评价进程的一部分出现，但更常见的是，训练发生在帮助教师达成有限范围内特定目标的监督过程之外。训练可以帮助你践行评价和支持的所有五大指导原则。

要为某位教师或某一教师团队指定教练。教练通过利用观察和评价得来的数据，运用基于关系的过程来支持教师的专业发展。这一过程包括"多种形式的提问、倾听、观察、反思、反馈、推动、示范和实践"（Lutton 2012, 85）。训练的时长和深度可以因地制宜，可以每周一次，连续几周；也可以每月一次，持续一年。基本上训练是一种有意图的支持方式，包括一整套由成熟培训师提供的专项行为和互动内容。

训练资源

推荐三种可以开发的训练资源。

1. **基于实践的训练（Practice-Based Coaching）**是开端项目所采用的模式，由美国教学与学习质量中心（the National Center on Quality Teaching and Learning）率先提出来的。下面的网址提供了一些实用的核查表和工具来落实训练：http://eclkc.ohs.acf.hhs.gov/hlsc/ttasystem/teaching/development/coaching. html。

2.《早期儿童训练手册》（*the Early Childhood Coaching Handbook*）是达森·D. 鲁赫（Dathan D. Ruch）和 M' 丽萨·L. 谢尔登（M' Lisa L. Shelden）的著作，是一本通俗易懂的手把手训练手册。该手册由布鲁克斯出版社（Brookes Publishing）出版，网址为 www.brookespublishing.org。

3."训练的种子"（*SEEDS of Coaching*）是一种模式，此模式会有意使用平行过程来对待教师，就像我们期许教师如何对待幼儿一样。首字母缩写 "SEEDS" 是为了纪念一位教练，他对教师的需求特别敏感（sensitive），他鼓励（encourage）教师成长，提供资源教导（educate）教师，并帮助教师通过实践来发展（develop）。后面的 "S" 是结果，指具有强大自尊的教师。这一模式由凯特·霍斯特（Kate Horst）首创，在明尼苏达州立大学进行了首次实验，当时我和凯特·霍斯特同为明尼苏达早期读写项目的协调人。从那以后，这一模式在全国范围被广泛而成功地应用于学前阅读小组及其他项目当中。你可以在下述网址得到更多信息：www.cehd.umn.edu/ceed/projects/earlyliteracyproject/default.html。

训练规则

遵循一些规则的时候训练最有效。当你准备训练教师时，请牢记以下几点。

- **氛围**：当教练和教师都投入到社交谈话中时，他们就会建立起一种温馨而积极的互动关系。他们会表现出对正在进行的工作的热情，会给出积极的评论。他们会拥有充满尊重的幽默感。
- **敏感性**：敏感的教练会对教师的技能水平了如指掌。他们会积极倾听教师的担心和想法，并对此给出适宜的反馈。
- **教师的视角**：在难以抉择时，教练会从教师的角度来思考。教练会说，他们理解教师，他们会去做。他们会对教师面临的挑战感同身受，并会帮助他们解决问题。教练会给教师时间去练习，并会探查一路以来的进展情况。

◆ **领导力**：教练会明确阐述他们的期望。他们会持续设定目标并期待结果。当教师偏离目标时，他们会调整教师的思维或行为。

◆ **效率**：教练是有组织的、高效的。他们会有一套训练计划，并且会最大限度地利用有限的时间进行训练工作。

◆ **形式**：教练会运用工具来观察和讨论。教师熟悉这些工具，并且理解目标。

◆ **分析**：教练会重视教师对早期教育领域中重要概念的理解。他们会帮助教师进行分析。教师学习理解因果关系。

◆ **反馈**：教练聚焦于学习的过程。他们通过提供有关正确或错误教学行为的特定信息来支持教师。他们鼓励教师坚持下去。

注意，下列实践会伴随和强化行为，直到产生工作者关爱共同体（详述见第 2 章）：和教师建立专业的关系，设定共同的议程，有效地交流，鼓励合作，示范关爱和同情。

2001—2003 年，我在明尼苏达大学协同组织了一个由联邦基金支持的专业发展项目，我们发现，接受过训练的教师的确比没有类似经历的教师更有能力带读写能力强的班级。因此，幼儿也会学得更多更好。多年以来，我在好几个培训项目工作过，也做过一些调查，我了解教师对这些经历的感受。那些在支持性训练下得到公平且有益评价的教师通常比较满意。下面是他们的感言。

◆ "刚开始我担心拍视频和评价。但是，这确实是一种'看到'自己工作的好办法！"

◆ "现在我对自己的教学比以前更加自信了。过去我不能确定怎么做才是正确的。"

◆ "我学到了有关早期读写、儿童发展和课堂管理的新知识。"

◆ "我领会到了我所在机构的追求，以前我对此没有概念。"

◆ "我喜欢学习新技能，强化固有技能。"

◆ "当我回顾并发现自己达成了目标时，我感受到了更加强烈的成就感。"

◆ "我学会了通过向我的教练提问来思考问题。"

◆ "我喜欢和教练及队友一起工作时产生的友情。"

◆ "我觉得我可以和教练一起分享关于孩子学习的观念和责任，我绝不孤独！"

对于训练带来的益处，这些教师的感想让我们粗浅地知道了训练让他们获得什么。如果我们能更有效地训练，教师就能感受到被人尊重，学习到新技能，拥有目标和方向感，收获自信以及分享责任。最终，他们会以集体成员的身份去言说。

运用数据进行训练

训练的过程应该始终以数据为核心：收集数据、分析数据，并基于数据进行反思。教练通常会研究有关幼儿学习的数据，在实践中观察教师，为教师提供反馈，并要求教师反思自己的教学实践。当教练和教师一起工作时，他们会持续设定目标，以达到他们渴求的结果。这是一个连续的推进过程。训练可能会聚焦于读写或数学、课堂管理或课程准备等内容。

训练方案：四步骤

乔恩：校长

在教师罗斯（Rose）的班级里，孩子们在冬季标准考试中的词汇成绩非常低，乔恩一直疑惑为什么孩子们没有进步。为了进一步评价这个问题，他使用了班级观察工具来测量语言示范和练习的数量与质量。如果语言示范与概念发展基本上没什么显现的迹象，那么这些领域中的分数就会很低。另外，他也会询问教师自己的观察。最后，他将会获得足够的信息，开始对教师罗斯进行训练。训练不是仅基于他自己的想法，而是建立在全面的数据基础之上。

训练方案有四个主要步骤：前观察、观察、设计观察后讨论会以及观察后讨论会。这个过程有点类似于正规的评价，但它不针对全面的成绩；相反，训练是聚焦于某个教师正忙于探究的具体问题或技能。正如前面的例子所言，训练应聚焦于语言发展，增强语言在课堂中的运用。

- **第 1 步：前观察**。和教师一起计划课堂观察。提醒他你将在观察中使用哪些工具以及你是否会为他拍摄视频。
- **第 2 步：观察**。按时到达班级，深入课堂，做好笔记，记下之后要和教师探讨的证据。
- **第 3 步：设计观察后讨论会**。回顾笔记，并在会前做好简要准备。在进行观察的几天内进行回顾。
- **第 4 步：观察后讨论会**。依据课堂观察所得进行描述，肯定教师的优点，利用开放性问题吸引教师参与讨论。在思考儿童的数据的同时，帮助教师思考教与学之间的关系。设定下一步目标，结束讨论。在讨论会最后五分钟，写下完成目标所需的行动计划，并确定下次观察的时间。

在第 4 步最后，你和教师应设立明确的目标和前行计划。最常用的目标设定准则可参照前面介绍过的 SMART 目标模式。萨拉就是这样同她正在培训的教师、助教设定 SMART 目标的。

训练方案是自然循环的：在第 4 步提出下一步计划、设定好提高的目标后，你就可以重新从第 1 步开始，观察提高计划是如何落实的。

制订训练计划

高效训练意味着得有计划。第 100 页中的训练计划表可以帮助构建你的学期训练计划。你可以用这个表来执行，也可以按自己的喜好来修改表格。在附录中有这个表的可复制版本。

萨拉：中心主管

萨拉：非常感谢你们的参与。上周二我过来的时候，看到你班级的孩子们正沉浸在有趣的活动当中，那感觉棒极了。但是，当我们了解数据时，却发现孩子们词汇成绩不高。我们觉得孩子们需要更多的机会学习语言，所以决定在你的班级里观察语言的运用，并决定使用早期语言和读写课堂观察工具（ELLCO）第 3 部分来考察语言环境。我这么做了，现在我想给你一些反馈。我的课堂笔记显示孩子们谈论得很少。有位教师经常和孩子们交谈，而另一位则很少这样。下面是我记录的例子（展示次数和例证）。

教师（T）和助教（TA）：在课堂上我们有很多事情要做，比如清理。

萨拉：（短暂停顿，倾听）清理和与孩子们交谈有可能同时进行吗？

T：我猜想是可以的……

萨拉：那应该怎样做呢？

T：我们是不是可以把旁边的孩子聚在一起，让他们知道当时发生的事情？

萨拉：类似于实况报道那种？

TA：是的，就像……

萨拉：你们要一直那样做？

T：不，只是在大家开始要吃点心的时候。

萨拉：好的，这是一个很好的开端。你要不要在点心时间结束时也试一试？

T 和 TA：好的。

萨拉：我把这当作一个目标，下周三我来的时候会再次进行观察。让我们一起把这个目标记录下来吧：在点心时间开始和结束时，我们会同旁边的孩子进行交谈（*有关联的，Relevant*）。我们会谈论大家正在做什么以及孩子们已经做了什么（*具体的，Specific*）。每天的点心时间我们都会进行实况报道（*可测量的，Measurable*）。你们打算什么时候开始呀？

T：明天（*有时限的，Time-bound*）。

萨拉：非常感谢。我期待下周回来亲眼见证点心时间的实况报道（*可实现的，Achievable*）。

训练计划

即将观察的活动：

观察工具（如儿童数据、视频、观察笔记、计分等）：

最终目标：

对观察内容和计分的客观描述（如果条件允许）：

对观察结果的分析：

发生了什么事？这对孩子们的学习而言意味着什么？

接下来需要继续怎么做？

需要做出什么改变？

对分析结果进行反思后应制定的新目标：

我们渴望得到什么结果？

将会发生什么？

会在什么时候发生？

下次观察的日期：

下次观察后讨论会的日期：

促进教师间的导师关系

　　另一种支持教师的很有效的方法是导师制。导师制是"扮演相同职业角色的同行之间的一种基于关系的互动过程，其中一位具备成熟知识和技能的更有经验的教师，也就是导师，负责为同组经验较少的门徒或学员提供教导和例证。导师制是要促进教师个人能力及专业能力的提升，从而实现更好的专业效果"（Lutton 2012, 84）。

　　和训练相比较而言，导师制结构性更加弱一些。它可以是非正规的，谁都可以找一个自己钦佩的人成为其门徒。但是，为了更好地支持教师，我还是建议，应该建立一个体系，确立经验型教师和新手教师之间更加正式的关系。导师制是鼓励共同管理的一种很有价值的方式。对于那些已经准备好和生手同仁分享自己经验的有经验的教师而言，承担导师角色也是一项很好的专业挑战。总之，这是促进整间学校进步的好方法。

莫妮克：教育协调人兼教练

　　莫妮克已经建立了一套对于她的机构而言非常有效的导师体系。她在多处就职，因而时间很宝贵；她明白越是精致的体系越难组织，她希望能够提高速度和效率。就这一想法她与教师及助教进行了沟通，之后她建立了一套面向全体员工的导师系统。莫妮克是教师们的导师，教师又是助教们的导师。每个团队隔周进行一次历时 30 分钟的辅导活动。

　　为了启动这个导师项目，他们专门召开了一次员工会议，来讨论关于导师制的培训工作。会议确立了三条落地规则：（1）签订协议；（2）起草目标及后续事宜并记录在案；（3）如果大家有不一致的地方，直接和莫妮克沟通。

　　大家一起讨论了 93—94 页上的问题，这些问题被当作同事之间一起工作的工具。他们决定先尝试三个月，然后进行评价。下页简要的导师协议可以提醒大家接下来要做的事情。在附录里可以找到导师协议的可复制版本。

导师协议

导师：SR   **日期：2014 年 3 月 3 日**

学员：AP

会议及联络安排：
时间：隔周周二上午 7：00—7：30
地点：教室
形式：拿铁咖啡日，自带

协作的基本规则：
1. 必须按时开始，按时结束。
2. 每次都要回顾上次的笔记，并记录本次的活动。
3. 只达成两个目标。

主要工作目标（不超过三个）：
1. 前一天晚上布置好教室，为第二天一早的活动做好准备。
2. 确定好要阅读的关于艺术活动的新书，并从中获得一些想法。

成果：
1. 教室布置准备工作已经进行了两周，还在继续。
2. 还没来得及看书，准备下周开始。

签名：

<u>　SR　</u>   <u>　AP　</u>
　导师　　　　　　　　　　学员

针对导师制（训练方式亦如此），有一系列方法可供你同你的导师讨论。指导性方法和非指导性方法分别列于这些方法的两端。指导性方法包括同样的技术，但更侧重于提出建议或意见。在非指导性方法中，主要技术包括倾听、反馈以及总结。最好的方法取决于导师（或教练）的个性及理念，同时也会受教师需求以及现实情况紧迫性的影响。我建议导师不要拘泥形式，要灵活运用。

咨询

根据《全美幼教协会道德行为准则：关于学前教育机构管理者的补充说明》（NAEYC 2011a, 5）中的 P–3.10 原则，领导者应该"为那些工作能力不适宜的员工提供指导、额外的专业发展机会和训练。如果员工不能达到合理的预期，应建议员工寻找更合适的工作岗位"。有时，有的教师可能不想或没有能力去改进自己的教学行为。这种情况下，他就需要更加密集的支持。基于人际关系的方式同样也可以应用于咨询，但要附加一个指向更加明确的方法。像其他支持形式一样，咨询的目标也是提升教师的技能。但根据教师的需要，该支持方式最终可能会导致教师改变其职业生涯的方向。教学并非人人都适合。

萨拉：中心主管

当萨拉来到中心时，她发现有位教师对日复一日的教学提不起精神，也难以掌控纪律。她对孩子们的学习非常感兴趣，但是她不喜欢进行活动准备，或其他所有与班级管理有关的必要工作。对于那些斥责她懒惰的同事而言，这真是令人沮丧。她自己也自甘沉沦。这种状态已经持续两年了。秋天，萨拉为她做了一次表现回顾。他们制订了一个训练计划，但冬季那个学期还是没有看到任何改进。（后来）他们设定了两周一次的例会来持续讨论，看有没有更好的选择或可能性。在春季过半时，这位教师确定教学并不适合她。她离开了中心，进入了一家研究所，成了一名儿童心理学研究人员。她没有成为一名优秀的教师，但她发现了另一种方式来满足自己对儿童学习的兴趣。这是个成功的案例。

授权教师去支持所有学习者

教师的效能感是他们相信自己能有所创新。高效能感的教师坚信自己有能力影响幼儿的学习。当教师拥有较高的效能感时，他们的学生在行为表现和学业成绩上都会有更好的表现（Prothereo 2008）。这些教师的技能充斥着自信的光芒。他们说出和未说出的信息是"我知道学习不容易，但我更知道我能教好你，我们一定能一起找到合适的路"。幼儿就会把这些信息理解为："我是能被教好的；我是个受尊重的学习者。"这是多么棒的信息结合。强大而有力。

这种效能感不仅仅源自个人内在的品格，更可能来源于很多其他重要的渠道，如教师以往曾获得的指导与反馈的水平（Five and Buehl 2010）。最重要的是，不是积极的反馈增强了效能感，而是建设性的反馈帮助了教师

萨拉：中心主管

针对这个班级令人费解的测试数据，萨拉和学前 B 班的教师们进行了回顾讨论会。在他们所使用的评价体系里有很多种情况，都以色号来区分标记：红色表示偏离要求，黄色表示接近要求，绿色表示符合要求。这个班级的评价结果基本上都是红色。然而，当萨拉询问这些教师幼儿的学习进展时，他们都异口同声地指着那些获得绿标的孩子说："情况非常不错。"当萨拉问及为什么他们会有这种判断时，教师回答说，因为这些幼儿的家长特别好，在家里会参与幼儿的阅读，所以幼儿的学习成绩也好。那其他幼儿呢？教师们给不出答案，只是感觉这些获得红标的幼儿没什么学习能力，而且他们不知道如何教育这些幼儿。他们缺乏那种为人师表帮助学生的感觉，从而他们的效能感也很低。

萨拉就此现象思考了一系列关键问题：如果这些幼儿没有能力学习，那他们有什么其他的选择呢？如果教师停止去教导他们，会发生什么情况呢？你想为这些孩子做些什么？你需要哪些帮助来寻找到教导这些孩子的方法？

萨拉并没有期待这些难题会立马有答案。同时她保持缄默以待其义自见。事实上，在沉寂中会议结束的时间到了。他们有了下周讨论的话题。教师承认他们希望幼儿学习，但他们不知道该怎样差异化教学。接下来萨拉给了他们一些可以尝试的策略。

去解决问题，检验他们正在做什么，以及怎样做会有所不同。通过这种方式——伴随着建设性反馈的方式，你可以帮助教师增强面向所有幼儿的效能感。

教师的儿童观会影响他们的效能感，而效能感又会反作用于教师的教学方式、教学内容及教学对象。例如，文化或社会经济差异通常会与发展或行为问题混淆在一起。我们不能容忍这种情况发生，因为这会导致低效能感，教师们就会想："我教不了这些孩子，因为他们和我的差异太大了。"我们需要给予教师的一部分支持就是帮助他们超越自己的偏见和误解。我们需要去发展那些被文化束缚的教师，使之充满自信和力量地去面对所有幼儿进行教学。

乔恩：校长

当乔恩来到 B 班进行课堂观察时，该班教师给他讲了班上幼儿的故事来迎接他：J 生活很艰难，因为他的母亲刚刚换了工作，连晚上都在上班。M 的父亲上周被拘留，进了监狱。O 的妈妈刚刚给他生了一个小弟弟，他正满怀嫉妒。关注全体学生、及时了解他们的生活境况很重要，但这些故事却明显被教师用来开脱为什么 J、M 和 O 没有进入学习状态或存在行为问题。乔恩疑惑教师是怎么看待这些学生的。她相信这些幼儿是可被教的吗？针对幼儿的行为和学习能力，她会有怎样的假设？她自己的效能感如何？她相信自己可以教好班上的学生吗？

乔恩最有效的策略是不顺着这个教师的思虑考虑问题。他没有采纳这些负面的评价。相反，他非常耐心并坚持去研究这个问题：幼儿为什么没有进入学习状态？他运用启发式提问和保持缄默来帮助这位教师进行反思：在孩子们的身上，你期望发生什么？为了完成这个任务，你需要什么帮助？为了改善这个问题，你还有什么选择？

有时表面的低效能实际上是教师对幼儿的学习能力产生了错误的看法、进行了错误的引导。他们相信有些幼儿是没有学习能力的，于是他们就放弃了（Ritchie and Gutmann 2014）。

在必要的时候，帮助教师鉴定并质疑他们关于学生的观念和假设，提升教师的效能感，这是很有挑战性的，但这样做可以帮助教师将技能、自信心和教师权利提升到新的水平。

保持士气旺盛

我想以保持斗志的良方作为本章的结尾。通常旺盛的士气被描述为做好工作的最佳动力。内在或本身的积极性源自每个人的内心并帮助我们保持斗志，但外在的奖励和认可对于激励工作人员的良好表现同样重要，尤其是对那些吃力却报酬不高的行业。

很多策略对于促进士气旺盛都是很有效的。这些策略可以为教师快捷并一致地提供支持，并且对于日复一日的师生互动而言非常重要。你可以创造机会一对一或通过小组进行书面和口头表扬，来增加士气。对媒介和环境的选择取决于你的性格、教师们的性格、你的团队的规模以及你所拥有的资源。你可以试一试将下面的某个策略纳入你和教师们的日常工作中。

◆ **告诉教师他们做得好的地方。**与其进行空泛的表扬——"今天的故事时间大家表现得非常棒"，不如对教师进行具体的评价："你作为一个讲故事的人，表现力非常好，幼儿都沉浸其中。这种方式让幼儿收获良多。"

◆ **说"谢谢"。**这简单的两个字我们运用得并不充分，但它们却如此重要！"谢谢"这个词应该有所指并且要有意义地去说，例如："感谢你今天早晨同保罗的妈妈进行沟通，打消了她对幼儿如厕习惯养成的顾虑。"或者："感谢你和我分享了这篇有关分离焦虑的文章，很高兴能认识像你这样有学问的同仁。"

◆ **解释"为什么"。**一个人的教育生涯混杂着诸多指令、规则和期望。教师们很容易忽视那些应该优先考虑的事和教育目标。因此，就必须对决策和政策的缘由加以解释。这是保持教师参与性及工作动力的良好方式。下面为大家列举一些解释缘由的例子。

——为什么我们要保持幼儿活动室整洁有序？"定期把玩具收纳回架子上有两个原因。一个是教育的目的：方便孩子们找到玩具并组织游戏。另一个则是出于安全的考虑：避免教师和学生们被玩具绊倒。"

—为什么我们要进行教学计划？"教学计划并非仅仅是纸上功夫，它们更是一种工具，可以帮助教师专注于孩子需要学习的内容，并准备适宜的活动。如果教学计划并未得到落实，这又有什么用呢？如果是这样的话，那教师就真的只是做做样子罢了。"

—我们为什么要关注早期儿童教育标准？"早期儿童教育标准立足于早期教育研究，而且它可以指导我们认识到幼儿必须学习什么。早期儿童教育标准是我们这个中心每个人都必须参考的重要指南。"

◆ **担当团队领头人。**团队建设需要日复一日的努力、公平的规则、彼此尊重、信守共同的目标和理念。在充满挑战的环境里，如果能够做到民主交流和团结协作解决问题的话，团队就会变得非常强大。请你考量一下和你共事的好领导所具备的主要特征：好领导是非常乐观的、诚挚的、具有问题解决思维的、公平的、心地善良的、有胆识的。你在自己身上发掘一下这些特质，以此来增强自己的自信心。

◆ **营造一个没有是非的纯净环境。**搬弄是非在早教领域是一大问题（Mooney 2012），会瓦解斗志。作为领导，你要将自己置身于无是非之地，并且要让团队成员都明了你的意思。我的最佳论点是，成人是孩子们的榜样。当气氛开始紧张时，幼儿立马就能感受到。这种窘迫的环境不受人欢迎，同样，这对于我们所提倡的非常重要的幼儿社会情感的发展负面影响很大。不论什么时候，大家对此一定要提高警惕，你可以明确并迅速地表达出你的不满。

◆ **为工作制造乐趣。**团队领导也要庆祝成功。他要和他的老师们不断地分享真正的欢乐时光。最近我参加了一个幼儿园教师们的聚会，他们一起创想如何给工作增添乐趣。他们有的提议跳欢乐舞；有的说要根据季节和节日变换服饰；有的说要设立特殊的节日，如疯狂发型节、帽子节或怪鞋子节；有的说开教职工大会时增设归零环节，来消除争论带来的压力；有的说要分享有关教育孩子的可笑或甜蜜卡通剧。你也可以有其他奇思妙想。当气氛活跃的时候，活动就会进展顺利，老师们也不会感到压抑。

反思的问题

1. 回想一位你遇到过的教练或导师。想想他是怎样帮助你获得一项新的技能或增强某项已有技能的？你如何才能把这些特质应用到与教师们的协作中？

2. 回顾一下本章所描述的支持技巧。哪些对于现在的你很有帮助？如何才能把这些技巧具体运用到你现在的工作状态中？

第6章
差异化支持

本章导读

　　教育领导者应根据自身团队和教师个体的独特需求来实现差异化支持，因为只有这样才能更好地支持教师的专业成长。首先，本章从早期儿童教育从业人群、技能水平、正规教育三个方面说明了差异化支持的必要性。文中指出，早期儿童教育从业人群在受教育情况、工资收入水平、年龄、性格、个性和文化观念等方面存在差异；教师的技能水平经历新手、熟练的新手、骨干、专家四个发展阶段；不论教师接受的正规教育的水平怎样，都需要从教育领导者那里得到支持。基于以上三点，文中提出必须针对幼儿园教师的具体差异给予量身定制的支持模式。其次，本章提出在制订差异化支持方案时需要考虑的几个方面，即教师的经验、年龄／代沟、个性倾向与学习风格、文化差异等，文中在每个方面都列举了支持的具体建议，并提供了相应的实践案例加以说明。同时，作者建议可以通过直接询问教师需求的方式来支持教师，并提供了新聘教师入职登记表及工作满意度调查表两种工具。最后，本章总结了差异化支持意味着有愿景和有目标地帮助每位教师获得满足工作要求所需的东西，并找到个性化的方式来激发每位教师的斗志。

本章结构图

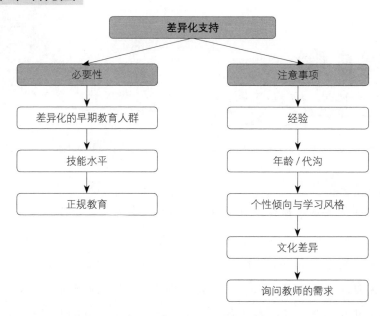

发展性适宜实践（DAP）提倡使用下述方式进行教学。

1. "不管是从个人的维度去支持还是从集体的维度去支持，重要的是要迎合幼儿的发展水平"，以及

2. "支持每位幼儿去迎接挑战并获得成功"（Copple，Bredekamp and Gonzalez-Mena 2011，3）。

对教师而言，差异化支持的教学方式涉及对幼儿群体及每名幼儿的需求的密切关注。这意味着在面向所有幼儿的学习时，教师要运用全面教育的视角并树立相应的教学目标，同时还要基于每名幼儿的需求（诸如学习进度或偏好的学习方式）来指导和促进其进步，此即差异化教学。每个孩子都是独一无二的。

同理，每位教师也都是独一无二的，所以把同样的差异化支持概念运用到你支架教师的行为中，迎合教师的发展水平并支持他们迎接挑战和取得成

功也是有意义的。这样做可以帮助你掌握提供适宜指导和资源以及提升专业度的指导原则。阅读这一章节时，你应该好好考虑一下自己的教师团队，并思考如何才能从集体和个人两个维度去提供最有效的支持。

早期儿童教育从业人群

大约有 220 万人在从事照料和教育 5 岁以下学前儿童的工作（Child Care Aware of America 2013）。大概有一半早期教育工作人员受雇于早期儿童教育中心或家庭式看护作坊。另一半则受雇于亲戚、朋友或邻居。这其中，女性大概占到 97%。美国劳工统计局（US Bureau of Labor Statistics 2014a）估算，未来十年，早期教育工作人员的需求量会增加 14%。这比美国本土的劳动力平均增长数要高，而截至 2020 年，该需求还会上涨。

随着小学教育的日益普及，学前班到小学三年级一贯制的幼儿教育也开始被人们所认可，也就是说学前班到小学三年级的一贯制已经被视为 K–12 体系的一部分了（Kauerz 2006，2010；NAESP 2005）。学前班到小学三年级的一贯制在幼儿教育领域还是一种全新的且逐渐形成的趋势，目前并不是所有的州都已建立这种制度。从事幼儿园到小学三年级教学的所有教师都接受过大学教育，其中某些教师还具备硕士学位。在幼儿教育领域的某些机构中，如儿童护理中心和开端计划，工作人员的受教育情况更加多样化。大概有 1/3 的骨干教师大学毕业，47% 接受过一些大学教育，20% 接受过高中教育甚至更低。在助教老师的队伍中，12% 大学毕业，45% 接受过一些大学教育，43% 受过高中教育甚至更低（US Bureau of Labor Statistics 2014a）。在幼教工作者行列中，这是一支令人惊异的具备正规教育的队伍，他们担负着对从出生后至小学低龄段的几百万幼儿的教育工作。

这支劳动力大军的收入水平也存在较大差异。小学教师的平均年薪是41520 美元，与之相比，儿童护理中心的幼儿教师的年薪却只有 24410 美元（US Bureau of Labor Statistics 2014b）。护理婴幼儿的教师收入更低。助教教师的收入水平则最低，因为他们的工作主要是依据班上的幼儿人数来安排的，且工作时间也不固定。绝大多数的幼儿中心雇员未被提供体检和假期福利。这种恶劣的工作条件与幼教领域可被预期的迅猛发展及大众认同的幼儿照料和早期教育的重要性之间矛盾重重。这些状况也许就是幼儿护理工作者换工作频率介于 25—40% 之间的原因（Center for the Child Care Workforce 2002）。

除了不同的工作条件和受教育水平差异巨大之外，幼儿园教师还需要具备多种技能和专业经验，这就使得这个群体包含了年龄、性格、个性和文化观念各异的学前教育工作者。然而，在孩子们看来，只要是教室里的成人就都是他们的老师！从研究和标准的视角来看，情况亦是如此。我们必须针对不同的学前教育工作者给予差异化的支持，只有这样他们才能更好地支持幼儿的学习。我们的支持不能以偏概全。我们必须针对这个独特的教师团队和个人来量身定制支持模式。以下是有关如何根据教师的背景进行差异化支持的一些想法。

技能水平

正如所有职业一样，幼儿园教师也具备不同水平的技能和天赋。我们知道，教师是幼儿学习过程中最重要的因素，包括教师的差异性。不管幼儿的背景如何，技能娴熟、高效率的教师能够帮助他们以更快更好的步调去学习，而效能低的教师则会使幼儿落后（Tucker and Stronge 2005）。

在良好的支持下，具有一般技能水平的教师可以有效地让幼儿在两年时间内从百分制的 59 分增长到 78 分（Sanders and Rivers 1996）。这对于致力于支持教师发展的我们而言绝对是个好消息！我们可以迎合教师的技能水平，并基于他们的优势和不足找到具体的方法来促进其专业发展。

技能发展阶段：新手教师、熟练的新手教师、骨干教师、专家教师

正如教师支架幼儿的学习一样（基于其学习发展水平为幼儿提供适宜的支持和挑战），我们也可以立足于教师的技能基础为其提供适宜的挑战并以此来支持教师。虽然技能发展不是线性的，但下述可预见的发展阶段可以用

来指导你的支持行为。

- ◆ **新手教师**。新手教师对幼教领域是陌生的，且技能水平有限。如果你问她需要什么帮助，她会说："你就告诉我怎么做，给我一个课程和成功的秘诀。"因为不具备自我规划的能力，这类教师需要因循课程计划。她需要有限的选项，这样就不会茫然无措。

- ◆ **熟练的新手教师**。这位教师可能会说："我能实施课程，并选择活动。"她会调整一些活动，但不会当场这么做。如果幼儿在阅读过程中开始坐立不安，她会选择停止阅读，让每个幼儿原地活动。这样的教师更有能力去确定接下来做什么或提高什么。然而，她可能没有太多想法，所以她需要领导者帮她选择最有效的策略。

- ◆ **骨干教师**。这样的教师会说："我会制订计划，也知道每个孩子需要单独学习什么。"这样的教师能够跟上幼儿的节奏，从而使阅读变得更加有趣。如果在阅读过程中幼儿变得坐立不安，她会在照顾个别幼儿的前提下，依旧执行自己的教学计划。这样的教师需要领导去鼓励她，给予她更多的资源来保持积极性。

- ◆ **专家教师**。这样的教师有能力为大团体、个体及小组设定计划。这样的教师可能会说："我刚刚读了一篇有关方案教学的特别棒的文章。咱们来计划一下接下来怎么做吧。"她会发起计划并吸引其他同事积极参与进来。她需要一位领导支持她，用她自己的兴趣与能量给予其他教师指导。如果她的专业度远超于她的同事，她就可能需要一些引导来避免使她的同事为此受挫。

如果想让教师们在工作中保持积极性和快乐，基于其水平提供恰如其分的支持和挑战非常关键。支持太少以及挑战太难都会使教师的自信心下降。他们可能会干脆放弃，转而去延续运用已经掌握的东西。比如领导花了大价钱购买了昂贵的、教师们难以驾驭的课程包，紧接着要进行三天专场密集培训却缺失后续指导的话，就会发生这样的情况，教师们会从对新课程的满心期待，变为丧失兴趣直至遗忘这些大价钱购买的课程包。

同样，支持过多以及挑战太少同样也会削减教师的发展动力。教师会觉得不被尊重。他们不明白为什么自己要花费那么多时间重复学习已经掌握的内容。他们可能会把知识和实践相混淆，他们会抱怨"早知道了"，但这些知识并没怎么落实在日常教育教学行为中。这些都是在提醒领导们，你们所提供的支持是不对的。相对于填鸭知识，这些教师更需要运用他们的知识储备进行实操训练。如果他们已经实践了已掌握的专业知识，那他们也就准备好了接受挑战——担当经验不足同伴的导师。

教师的技能意识

这是另一种非常值得在我们的领域中采用的技能发展视角。当我们去学习技能时，是从无意识的生疏逐步转变为有意识的熟练的。当无意识的新手教师在电视屏幕上看到滑冰选手优雅地滑行并用趾尖旋转时，就会认为自己也能做成。我只需要买双好的滑冰鞋，稍加练习，我就能在冰上滑得和他一样好。然而，当我第一次摔倒在冰面上时，我意识到了自己是个新手，我才明白滑冰这件事比我想象的难多了。摔倒让我的身体受了伤，同样也让我认清自己根本不了解如何滑冰。

依着我自己的性格，我可能会自己坚持不懈地练习从而滑得更好，但也许我也可能就完全放弃了，因为我找不到人来帮助我。可能我足够幸运遇见了一个热心又技术娴熟的人来好好指点我一下，这样我就能够学习滑冰的技巧了。头一次我能自己滑几分钟，我开始意识到自己学会了一些技能。我对自己的进步有了感觉，更希望自己可以滑得越来越好。伴随着不断的练习和持续的鼓励，我会不由自主地滑得越来越娴熟了。我会穿好冰鞋，走上冰面，自信前行。每当我想去学习一个新的动作时，我都会重复从无意识不熟练到熟练的过程。总之，我会学会我能学习到的一切。

不管在什么领域，要找准教师们无意识生疏到有意识娴熟的结合点，这能帮助你积极应对他们面临的挑战，就像萨拉在前面的例子里所做的那样——充分理解，给予适宜的鼓励和支持。发掘教师的技能意识的最好方法是倾听和提问。教师在如何评价自己和幼儿？如果她看上去盲目乐观的话，也许她就是个无意识的新手。如果她看上去很挫败，也许她已经进入了有意识的新手阶段，而这感觉很不爽。不过，这是暂时的，如果教育领导者能够

萨拉：中心主管

当萨拉雇佣金（Kim）时，金只是个刚刚获得儿童发展专业学士学位的年轻教师。当时金23岁，经历却非常丰富，上学期间她看过小孩，当过野营顾问，有一群表弟表妹，做过助理教师。她精修了儿童心理学、儿童文学和课程发展课程。她热情四溢，说自己爱孩子，尤其是学步儿，说他们是自己最喜欢的年龄群体。

那个时候，金处于无意识新手阶段。她认识不到自己无法管理一个有12名学步儿的班级，也无法管理助教。带班两个星期以后，她崩溃了，在萨拉办公室大哭了一顿。一个星期里，班里出现了三起幼儿咬人事件，这叫她猛然意识到自己在带孩子方面是欠缺经验的。是的，幼儿都很机灵可爱，但现在看起来又是那么难以捉摸、如此危险，就像需要被驯服的小怪物。

因为明了技能意识的发展过程，萨拉劝解金不要责怪幼儿和自己。她认为这是一个挑战。金还不具备在保障幼儿安全的前提下进行施教的技能，但这是可以学习的，而且萨拉会帮助她。她鼓励了金，重新指导她努力去学习如何预防、减少并最终消除咬人事件的发生。他们制订了一项计划。在下个周末前，只发生了一起咬人事件。在那个周五，萨拉和金碰了个面，谈了谈这个成功的经验。金意识到了自己的技能进步，她应用了他们讨论过的技巧，并确实发挥了作用。再下一周，咬人事件消失了。金掌握了一项重要的教学技巧，这使她有了自信。

关注她并给予支持，她就不会一蹶不振了。教育领导者的任务就是带领教师达到有意识娴熟的阶段。第一步就是要承认面临新工作、新状况或新技能的挑战都是很平常的。要给教师能够行动的保证和特定的方法，用支架支持他们，帮助他们提升自信水平，并逐步有意识地娴熟起来。

技能发展的障碍

在早期儿童教育领域，有两种常见的情况会影响技能发展的进程和教师的自信心：一个是高频重组，另一个是太多新举措。高频重组是指团队不停地形成与重组。不论什么时候，相对于团队的其他成员而言，新手都处于一个不同的阶段。例如，一个新手教师加入了一个骨干教师队伍，这些人可能没有足够的耐心去告诉他该怎么做。可能的结果就是，新手教师无法从同伴那里学到什么。教育领导者应该要看到这类屏障，在为整个团队设定明确计划的同时，也要为个人提供个性化的支持。

第二种状况可能是有教师原本可以工作得很有成效，但在没有提供足够支持的情况下，她的领导决定实行新的举措。我最近成立了一个工作坊，提供给开端计划的合作者，他们想学习支持自己的教师队伍的技术。我们计算了一下在过去的三年里他们任职的机构中出现的新举措。这些新举措可能是新的课程、新的规则、新的刷牙方法以及新的评价方法等。当我们统计这些新的项目时，结果是每个项目平均会有十个新举措。有些是由国家开端项目办公室提出来的，有些是州教育局提出的，剩下的就是自己单位的项目领导提出的。

太多变化会立刻对整个团队产生影响，不只是对个人。重大变化会使整个团队从良好的工作效能和状态退化为最初阶段的技能发展水平。教师们会自我感觉非常糟糕——不知道该怎么去实施新课程，或应用新的规则，最终丧失团队的战斗力。如果这种状况频发的话，教师们就会荒废时间，直至下一项举措到来。领导们就不得不再次花费时间去提供额外的支持，帮助教师们再次达到有意识娴熟的阶段，每次有新举措都是如此。

莫妮克：教育协调人兼教练

莫妮克对这种情况非常了解。在过去的两年中，她的开端项目面临了三次联邦办公室提出的新举措、两次她所在州教育质量办公室提出的新举措，以及三次因接收地方拨款而要做出的改变。总而言之，三年间接受了八次新举措。有些举措是彼此关联的，但有些却相差甚远。例如，有一门新的数学课、一门新的读写课、一个家庭读写项目及一项语言和运动研究项目。它们和语言及读写都是相关的，但却又自成一体。教师们接受了长时间的培训，但却仍无法把培训的内容进行整合。

在每一次新举措开始的阶段，受训人员都只带着自己已有的认知进入项目。他们没有把自己的想法整合到项目已有的举措当中。这也使教师们很难独立地想出整合的方法。对教师来说，这是一个不公平的负担。管理人员和领导们确实有责任去进行阐释，描绘出大家应该如何协作，要明确取消哪项举措来适应其他的。加入新的变化因素不一定就是件坏事，但要有选择地、循序渐进地引入，过程中还要进行明确的阐释。监控和应对这些阻碍技能发展的新举措是教育领导者的工作重心。思考一下你的教师队伍，然后采取措施降低高频重组和新举措带来的负面影响。

正规教育

所有参与公立学校入学准备计划的教师都拥有学士学位。开端项目和早期开端项目（Early Head Start）期望将来他们的教师至少有三分之一具有学士学位。在目前的早教工作者中，拥有国家儿童发展导师资格认证委员会（CDA）认证的联合大学学历或接受过高中教育的教师更为普遍。有研究显示，如果教师的受教育水平更高，他的学生会学习到更多东西（Barnett 2011）。实际上，这些教师具备更高的读写和语言技能，这肯定是一大优势。

然而，研究并没有结论（Bowman 2011）。尽管教师接受正规教育是保证质量的指标，也是非常好的目标，但通常并不是教育质量的唯一影响因素。不论教师所受正规教育的水平怎样，所有的教师都需要从领导那里得到支持。比如，你的一位教师对幼儿具有极强的直觉能力，但在儿童发展和读写方面所受的正规教育甚少。你可以送他去和同事一起学习儿童发展和早期读写，并注意观察他给幼儿读故事。你也可以带领这群年轻教师来研究早期读写问题。

还有一位教师，他学习了所有有关早期读写的课程，但却欠缺课堂管理能力，不能够有效地带着一群活跃的四岁幼儿去学习他们该学的东西。对于这样的教师，你应该给他进行课堂录像，这样你就可以和他一起观看资料（即幼儿的行为），共同找到解决办法。

教育领导者要了解教师受正规教育的程度，并帮助他们弥补所缺。

◆ 不要去臆想教师教育水平和技能水平之间的关系，而应观看并研究与教师教学质量有关的资料。

◆ 当你获悉某位教师、教师团队或教师小组在某一知识领域存在欠缺时，应该为他们提供更多的相关信息。可以考虑对教师在这一主题上的活动进行录像或用其他媒介来记录这些信息。

◆ 在课堂上展示一项技能，要求教师们观察并记录下来。接着为教师们提供有关该技能的权威信息和资源。

◆ 给教师学习小组一些时间和空间，允许他们一起去研究问题。

经验

当你设计差异化支持策略时，应该考虑一下教师的工作年限。经验会成为教师的优势或是限制教师发展的因素。拥有多年工作经验的有能力且积极的教师是幼儿园的财富。他们会把个人专业的成熟经验带到工作中，并可以对新教师进行传帮带。评估这些教师会是一个非常愉快的过程。但如果教龄长的教师技能不足的话，他们可能就要面临挑战。他们抗拒新观念。这种情况下，他们需要一次彻底的评价和个性化的支持，来推动他们做出积极改变。

技能水平低的新教师如果对工作有一腔热情的话，倒更容易支持。他们乐于接纳新观念和你的领导。总之，你的任务就是引导新教师去适应并达成你的项目目标。

在考虑如何提供最佳的差异化支持时，教育领导者应该考虑教师的工作年限。

◆ 不要臆断工作年限和技能水平之间的关系；
◆ 先要观察教师，在设计一系列支持方式之前，斟酌观察数据；
◆ 要经常提醒教师反思自己的兴趣点和专业目标，同时你还要对课程目标进行指导。

年龄／代沟

还要考虑一下教师队伍的年龄和代沟。关于人口大爆炸世代（1946—1964 年出生的育龄人口子女）、X 世代（1965—1977 年出生的育龄人口子女）和千禧宝宝（1978 年以后出生的育龄人口子女），他们的不同习惯和想法已经有太多说法了。同时，也有应用于所有人的专业主义的通用价值观。这些通用价值观是第 3 章专业行为质量检核表的一部分。

千禧年以来，科技得到了飞速应用，因而沟通和科技运用成了热门话题。这样一来，你可能想要扩展交流工具，你可以给你的电子邮箱增加短信功能，或用纸质备忘录来传递短消息。因此，你要明确地知道，应该要求所有的雇员去学习大篇幅文章和电子文件中的信息。

乔恩：校长

　　乔恩刚刚四十出头。他正在指导一位六十多岁、还有两年退休的老教师。尽管这位教师能够接纳教导和评价孩子的新理念，但却难以驾驭所需的科技手段。她拒绝使用新的基于网络的评价系统，这对整个学校来说确实是个大问题。她的数据无法与其他班级的结合到一起，这是针对她进行评价时的主要话题。

　　这位教师选择花钱聘请年轻的懂行人帮助她录入数据。乔恩勉强答应了这种不寻常的解决方式。最终故事结局完美。当这位教师看到一旦录入数据管理就变得简单了之后，她一下子对录入数据产生了兴趣，并想学习更多。如今她转变了观念。乔恩对这位老教师也非常有耐心，正是这种耐心帮助这位教师转变了观念，提高了教学技能。乔恩在评价期间处理了问题，并在后续提供了支持。

　　就算不能概括不同年代教师间存在的代沟或感知能力的潜在差距，我们还是要保持警惕，这是非常重要的。18 岁的助教有可能与 40 岁的骨干教师做出不相同的反应。但此二者应该受到同一道德标准的约束。

　　下面为你提供一些支持不同年龄段教师的建议。

◆ 不要臆想年龄和技能水平之间的关系，首先要看数据。
◆ 面向所有人明确期待目标。
◆ 用电子通信或面对面等多种方式交流。
◆ 提供可视化数据与互联网资源。

个性倾向与学习风格

　　你的教师们性格内向还是外向？性格内向的教师喜欢单独思考问题。而外向的教师则善于表达，并喜欢和他人分享自己的想法与发现。这两种性格类型各有优点。内向的人会使人平静，而外向的人则令人兴奋。

个人的学习风格同样也会影响人的行为。视觉型学习者喜欢阅读信息，而听觉型学习者则更擅长倾听信息。教师的个性特点和学习风格会直接影响你所在机构的学习风格。

萨拉：中心主管

萨拉指导了一位工作非常有效率的教师。他们两个人相处得也特别好。萨拉特别勤勉，开始她每周会写一张交流表放到教师的盒子里，教师做得好的地方她会给予肯定。有一天，在两个人交流时，这位教师有点紧张地告诉她，自己不清楚萨拉是如何看待自己的工作的。她鼓起勇气对萨拉说她害怕萨拉对自己的表现不满意。如此一来，萨拉突然发现，面对一个外向的人，她却采取了内向教师偏爱的交流方式——书面交流，而不是口头交流。有鉴于此，萨拉把这当作一个节点，在继续书写表格的同时，她还会在见到这位教师的时候亲口告诉她。

下面为你提供一些支持内向及外向教师的建议。

- 以多种形式提供信息。
- 以最契合教师气质的形式提供个性化支持。
- 为教师提供适宜的办公地点，当他们需要安静的思考空间时可以使用。
- 重视休息时间，让教师们有时间放松，并以自己最喜欢的方式恢复精力。

文化差异

早期儿童教育是移民及新手，尤其是妇女选择工作时的首选领域。即使受教育水平很低，找一份班级助教或助手的工作仍然很容易，所以该领域工作者之间的文化差异很大。考虑文化差异如何影响交流沟通和人际关系是非常重要的。比如，对比一下来自高语境与低语境教师的交流方式。低语境文化下，例如北欧、北美撒克逊和亚洲，在交流的时候更偏向于采取中庸之道，很少使用肢体语言。举止有度，人们在交流个人感想之前，都会先说一下专业观点。高语境文化下，如南欧、非洲或拉丁美洲，人们更注重面部表情和肢体语言，他们倾向于用个人的观念去阐释专业问题。

　　文化背景绝不仅仅局限于地域和种族差异背景，同样也包括个人的家庭经历。文化差异这一根源会导致人们之间产生误解，同样也会曲解他人的行为和主张。搭建理解的桥梁是需要付出努力与行动的（Shareef and Gonzalez-Mena 2008）。教育领导者可以奠定这种营造宽容民主的基调。

莫妮克：教育协调人兼教练

　　尽管这并非是她的个人偏好，莫妮克仍清楚地知道 B 班的教师团队在开始周例会时，会先分享自己的故事，然后再进行会议流程，这种方式会令他们工作效果更高。一旦他们尽情表达了自我，他们也就准备好了去详细阐述自己的工作细节。

　　下面为你提供一些支持来自不同文化背景的教师的建议。

◆ 确定教师们认真思考了班级学生个人及家庭的多样性。
◆ 在日常交流中讨论文化的差异性和相似性。
◆ 从你自己的文化视角出发分享观点和信仰，推进文化差异和相似性交流。
◆ 倾听教师的心声，了解其对照看及教育孩子、家长沟通等工作的看法。

询问教师的需求

　　你没必要猜想教师们需要什么。你不如直接去问一问教师们想要得到什么样的对待，他们期望在工作中获得什么。这些可以在面试的时候提出来，或者任何方便的时候都行。下面为你提供一些参考。

从一开始就发现教师的需求

当家长选择了一家培训机构来学习幼儿知识、寻求指导时，工作人员通

常会给他们一份入门登记表。我建议聘用新员工时也可以这么做。下页的表
是为新教师提供的一份简单的入职登记表。你可以在附录里找到此表的可复
制版本。

全面评价工作满意度

通过进行满意度调查，了解教师们对工作的感受。你可以在任意时间进
行第一次调查。但一旦开始，就要持续一年。通常，人们喜欢被问及自己的
想法，他们会直接告诉你非常有用的回答。当然，这也就意味着要给教师极
大的尊重。你必须做好准备，亲自收集信息，并准备好进一步做些什么。即
便教师人数不多，也要匿名进行调查。你必须保持自信，不要试图去猜谁说
了什么。跟教师讲大家都说了什么也是不合适的。如果你无法维持这种中立
性，就到外边找一个顾问来进行调查。

第 124 页的表格是一个工作满意度调查问卷的例子，你可以在附录里找
到此表的可复制版本。

差异化支持的要求

在本章中，我探讨了早期儿童教育工作人员的相关问题，以及提供支持
时应该思考的各种因素。针对不同的教师，我们要提供差异化支持。同样，
差异化支持意味着我们要有愿景和目标，来帮助每个人获得满足工作要求所
需的东西，并找到个性化的方式来激发每个人的斗志。这个愿景和目标是用
专业标准和道德行为标准描绘出来的。支持教师达到这些标准的方式要依据
教师的个人需求：技能、经验、受教育水平、年龄、语言和文化。

反思的问题

1. 回顾本章所介绍的教师特征，并将其与你的教师团队进行比较。你
有什么新的发现？

2. 你的机构中出现过哪些新举措？这对你和教师们的工作产生了哪些
影响？对未来你有什么想法？

新聘教师入职登记表

欢迎您的到来，很高兴您加入我们的大家庭。请回答如下几个简单的问题，让我们更快地认识一下您吧。

我的强项是：

我想在如下方面了解更多：

我喜欢的交流方式（选择两种最喜欢的）：
　　□电子邮件　　　□电子文本　　　□书面提示　　　□公告板　　　□私下交流

在我的工作中重要的两件事：

工作之余，我喜欢：

工作满意度调查问卷

亲爱的老师：

我想了解一下咱们团队现在的工作状况。时不时放慢脚步，回顾一下我们的合作时光是非常重要的。下面有10个问题，请根据自己的情况进行选择。我会把结果汇总，在下次的周会上跟大家进行分享。感谢您的分享！

	经常	通常	有时	很少	从不
1. 我对我的工作很满意。	☐	☐	☐	☐	☐
2. 工作会议很有用。	☐	☐	☐	☐	☐
3. 我觉得自己很受尊重。	☐	☐	☐	☐	☐
4. 我得到了工作上需要的帮助。	☐	☐	☐	☐	☐
5. 大多数时间我的工作很有意思。	☐	☐	☐	☐	☐
6. 我觉得自己能胜任工作。	☐	☐	☐	☐	☐
7. 我们是一个很棒的团队。	☐	☐	☐	☐	☐
8. 我很清楚对幼儿的培养目标。	☐	☐	☐	☐	☐
9. 我经常会听到流言蜚语。	☐	☐	☐	☐	☐
10. 我能掌控我的日常工作。	☐	☐	☐	☐	☐

我希望得到更多的……（请完成这个句子）。

我希望……的情况越来越少（请完成这个句子）。

第7章
制订评价与支持
教师的计划

本章导读

　　教育领导者该如何利用有限的时间、精力和资金有效监管、培训、评价与支持幼儿园教师呢？本章提出，制订适宜的评价与支持教师的计划是教育领导者有效评价与支持教师的关键，并着力探讨了学前教育领导者如何制订计划以及制订与实施计划的重要性。首先，本章从准备计划入手，参照前面章节中提到的5项指导原则，即创建工作者关爱共同体、促进专业能力发展、提供适宜的指导和资源、评价专业技能和成长、促进在学前教育领域的参与，将其作为有效评价与支持教师的目标，并据此提出实施计划的5个步骤：1.评价环境中的状况；2.决定哪项指导原则对自身最迫切；3.写下SMART目标；4.实施计划；5.评价计划。在每条指南的阐释过程中，作者以实践案例的形式加以说明，提供了相应的工具。其次，本章强调了利用教育质量检核表为缺乏管理计划时间的教育领导者提供解决小步骤。最后，本章阐明评价和支持是一项值得的时间投资，在评价和支持工作方面投入时间与精力能切实提升学前教育的质量。

本章结构图

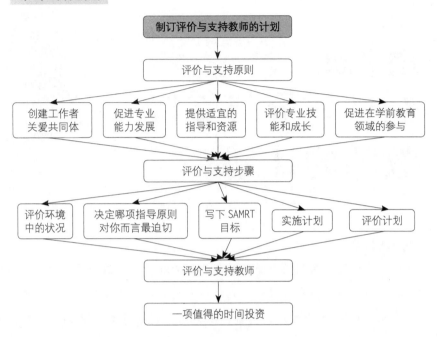

~~~
制订评价与支持教师的计划
          │
      评价与支持原则
          │
┌─────┬─────┬─────┬─────┬─────┐
创建工作者  促进专业  提供适宜的  评价专业技  促进在学前教育
关爱共同体  能力发展  指导和资源  能和成长   领域的参与
└─────┴─────┴─────┴─────┴─────┘
          │
      评价与支持步骤
          │
┌─────┬─────────┬─────┬─────┬─────┐
评价环境   决定哪项指导原则  写下 SAMRT  实施计划  评价计划
中的状况   对你而言最迫切   目标
└─────┴─────────┴─────┴─────┴─────┘
          │
      评价与支持教师
          │
      一项值得的时间投资
~~~

乔恩、莫妮克和萨拉：教育领导者

乔恩、莫妮克和萨拉都想要制订一项评价与支持计划，但是他们准备的充分程度不一样。

12月将近，乔恩还没有进行计划的机会。他连一分钟的喘息时间都没有，更不用说开始做计划了。从9月开始，他没能为一个幼儿班级雇个助教。学前班和一年级各项事务都进展顺利，但是二年级和三年级教师在课程上有分歧。他暗下决心要在寒假后立即使用本书第1章介绍的观察工具和自我评价表。

莫妮克已经对在她的机构中如何评价和支持教师做好了计划。她最大的挑战是抽出时间实施她的计划。由于机构中缺少代课教师，当有教师缺席时，她任何时候都要充当机构内部的代课教师。她要和主管开会以解决她的日程安排问题，她将做一个周全的计划来支持教师减少缺勤。

萨拉有一个计划。申请认证增加了她的动力。她正在安排时间来完成认证文件，并为现场访问做准备。

的确，评价和支持教师是一个好想法，但是教育领导者该如何在有限的时间、精力和资金下实施这一想法？并且，当他们找到资源时，教育领导者该如何以高效且有效的方式进行监管、培训、评价和支持，并且这种方式既要尊重教师，又要提高对幼儿的教育质量？答案是要做好计划。

想一下你自身的情况。是和萨拉相似还是和莫妮克或乔恩相似？考虑你目前所担负的责任和面对的挑战，你是否做好了进行计划的准备？要知道，没有最合适的时间让你去做评价和支持教师的计划，所以我鼓励你从现在就开始，即便只是开始做一点点。无论是否有正式的监督职责，你都将努力做出积极的改变。

本章中，我们将以萨拉的故事为例来说明如何进行计划，你可以将这个案例用到你的机构中。如果你目前的处境更像乔恩或莫妮克，不要害怕，你将找到一些可以现在应用的小步骤，然后慢慢完善。正如你读到的，考虑一下本书前几章列举的工具和技巧，这也许最适合你和你的机构。

准备计划

本书从一开始就用五项指导原则作为有效评价和支持教师的目标。

1. 创建工作者关爱共同体。
2. 促进专业能力发展。
3. 提供适宜的指导和资源。
4. 评价专业技能和成长。
5. 促进在学前教育领域的参与。

你已经探索过许多支持这些指导原则的方法，但是只有有目的地把这些工具和策略融入你的生活，它们才有效。你需要找到方法，在你的机构中每天系统地实施这些方法。

就像我们认为教师需要做好课程计划从而有意图地教幼儿一样，教育领导者也需要有计划地支持和评价员工。计划要简单，因为简单才会让你感觉可以实施。以下我提出了几个简单的步骤以便帮助你完成计划。

1. 评价环境中的状况。
2. 决定哪项指导原则对你而言最迫切。
3. 写下 SMART 目标。
4. 实施计划。
5. 评价计划。

评价环境中的状况

使用第 1 章的两个评价表作为开始。这些工具是非正式的，且节约时间。你可能像大多数教育领导者一样非常忙碌且苦恼。这些快速评估足以帮你决定应该优先进行哪一项评价与支持。快速评估也将提供一个概览，让你知道目前应该如何支持和评价教师，并让你了解哪项原则需要花些功夫。

萨拉：中心主管

萨拉回顾了第 1 章中的自我评价表和教师观察表。她列出了比较两种结果的表格和常见选项，并把这些常见选项分为 "总是""经常""有时" 或 "从不"。她把 "从不" 选项用黑体标注。

指导原则	自我评价		教师观察	
	总是或经常	有时或从不	总是或经常	有时或从不
创建工作者关爱共同体	我每天以积极的态度和教师们打招呼。 我在个人和专业问题上让教师安心并提供帮助。 我帮助解决问题。 我倾听。	我微笑、大笑并对工作、家长和同事充满热情。	教师每天互相打招呼。 教师在个人和专业问题上互相帮助。	教师微笑并做出积极的评论。 教师倾听彼此。

续表

指导原则	自我评价		教师观察	
	总是或经常	有时或从不	总是或经常	有时或从不
促进专业能力发展	我在教学进展不是很顺利时给予反馈。 我提供信息和资源。 我为团体和个人提供专业发展。	**我对表现给予具体的肯定。** 我在教学进展顺利时给予反馈。	教师知道如何评估和分析幼儿的学习。	教师把先前经验与新知识整合在一起，以得到专业发展。 **教师知道自己教学的影响。**
提供适宜的指导和资源		**我用多种方式传达明确的指导和目标。** 我与结果保持一致。 我用有效的问题鼓励教师反思实践。		教师根据机构目标做出教育选择。 教师知道在我们的机构中什么是质量。 教师理解并能清晰表达组织的期望和目标。
评价专业技能和成长	我评价课堂质量。 我鼓励教师坚持，即使工作面临挑战。	我评价教师技能。 我用支架支持教师的技能。		教师评价自己的教学。 教师冒险尝试新的想法，并评价新想法。
促进在学前教育领域的参与	我帮助教师，让他们感觉自己是早期儿童教育专业集体中的一员。 我分享教师的兴趣和热情。	我努力使教师参与到中心的决策中来。	教师与早期教育社群有联系。	教师互相指导。 **教师与同事分享他们的专业兴趣和热情。**

看着这些评估，萨拉开始考虑自己目前在评价和支持教师时的优势和弱势。

决定哪项指导原则对你而言最迫切

每个机构的评价与支持需求都不相同。在回顾了第1章的自我评价和教师观察工具结果后，你应该能发现自己所在机构的优势领域和弱势领域。当你把这些信息与你所在中心的优先事项和日程相匹配时，你将能够挑选自己想要最先采取的原则。

萨拉：中心主管

萨拉分析了表格中的结果。她认为在"创建工作者关爱共同体"这一原则项下没有加黑或"从不"。尽管她在这一领域的努力并不完美，但在她所领导的工作环境中还是为关爱者奠定了很好的基础。其他原则中都有一些加黑项，需要多加关注。自从她追求全美幼教协会（NAEYC）认证后，她想更多地关注比较弱的领域，即：提供适宜的指导和资源，促进专业能力发展，评价教师的技能和成长。

写下 SMART 目标

你一旦对想要关注的事情有了大致的认识，接着就需要为此提出一个具体的目标。就像在第4章和第5章提到的那样，SMART（具体的、可测量的、可实现的、有关联的和有时限的）目标比模糊的目标更有机会得以实现，所以应有针对性地制定你的目标。具体示例见下页表。

实施计划

一旦设定了 SMART 目标，你就必须实现它！有时领导者觉得他们有太多其他重要的责任，所以把支持和评价教师的目标推后进行。我认为，把这些目标作为优先事项，可以使得其他责任进行得更加顺利。例如，一个互相关爱的集体会减少冲突，一个良好的评价和专业发展体系将造就更有信心、更有能力的教师，最终实现教师更替的减少，进而使领导者的工作更加轻松。

萨拉：中心主管

目前为止，萨拉审视的都是宏观情况。现在她要将细节应用到目标当中。她从列表中选出了三项，并根据时间安排列出了将采取的具体行动。

指导原则	目　标	行　动	时间表
促进专业胜任能力发展	对教师表现给予具体的肯定。	使用第 5 章中的策略，当面和以书面形式向教师提供具体的反馈意见。	从下周，2 月 1 日开始。
		将肯定与权威资源（如早期学习标准）相关联，将重点放在幼儿的学习目标和优质教学上，例如："阅读了《北极熊，北极熊》之后，你向孩子们展示了河马嘶叫和火烈鸟鸣叫的视频。这是教词汇非常有效的方式。感谢你是这样一位富有创造力又善于随机应变的教师。"	
		每隔一周使用第 6 章的交流表格进行回顾。	
提供适宜的指导和资源	用多种方式传达明确的指导和目标。	建立双月周五早上例会制；向教师们宣布会议日程。	3 月 1 日
		用自己的理解回顾认证过程。	3 月 15 日
		向教师们宣布进程，并向他们保证认证将在明年 1 月开始。	3 月 30 日
		收集关于教师们感受的反馈（调查）。	
		计划每两周进行一次会议讨论。	
评价专业技能和成长	评价教师技能。	专注于关于教师评价的下一个专业发展日。	4 月 15 日
		使用第 3 章和第 4 章的信息计划一次评价。	5 月 15 日—6 月 15 日
		向教师解释教学行为、教学结果和专业行为的概念（第 3 章）。	引导观察，360 度调查（父母及同事）。
		描述评价过程和将要使用的工具（第 4 章）。	
		提出教师评价的时间表。	引导评价会议 6 月 20 日—6 月 30 日。

附加说明：在教师休息室里的黑板上放一张图表纸，写上"快乐工作"，要求教师添加使他们的工作更有趣的想法。

尽管萨拉认为创建工作者关爱共同体这一原则似乎相当容易实现，但是这是她很感兴趣的领域。所以，她决定用第6章介绍的办法询问教师，要想愉快地工作，他们想要做哪些活动。她把一张图表在墙上放了一个星期，这样教师们可以写上自己的想法。接下来她会让大家排序选出自己的首选想法。如果有些愿望不可能实现，比如夏威夷休闲日，他们就会一起笑一下。

萨拉：中心主管

萨拉的动机源于认证的最后期限。具有时间表的目标图使她能轻松启动实施。她每月查看日期，并检查已经完成的目标。她用纪律来要求自己一直坚持完成任务。她知道教师是中心的重要资源。萨拉看到了改善评价和支持教师对中心的长期好处。

评价计划

评价计划不需要很复杂。关键是要一直关注评价的目的，就如我们希望教师有意图地教导幼儿一样。评价计划时，问自己以下四个简单的问题。

1. 采取了哪些行动？
2. 没有采取哪些行动？为什么？（列出原因。）
3. 哪些行动进展顺利？
4. 哪些行动需要调整？

采取的小步骤

在本章开头乔恩与莫妮克的故事与萨拉的故事有所不同。他们也许没有足够的时间或控制力进行计划管理。但是，他们可以用第3章的教育质量检核表作为指导，选择指导原则的某个方面来聚焦。

萨拉：中心主管

萨拉在 6 月份有时间回顾了她的计划，并对问题做了如下回答。

1. **采取了哪些行动？** 我进行了初步评估，选择了我的关注点，然后制订了时间表。

2. **没有采取哪些行动？** 有了一个好的开始后，我没有用学习标准持续给予肯定。我仍认为给予肯定这一点很好，我将把它作为明年的目标。

3. **哪些行动进展顺利？** 我最满意的是教师评价过程。这是更好地了解教师的方式。我对自己建立团队的能力重新树立了信心。六分之五的教师对评价过程给予了积极的回应。

4. **哪些行动需要调整？** 一位教师抵制评价过程。她没有完成自我评价，并且持有"只需要告诉我做什么"的态度。我需要询问这位教师，我还不知道这位教师是否会继续留在岗位上。我也没有时间完成所有的目标。

这是萨拉对评价与支持计划的第一次尝试。她非常满意。她的努力满足了认证要求。虽然有些细节还没来得及实施，但是她知道自己走在正轨上。

评价与支持是一项值得的时间投资

你可能认为评价和支持教师的计划听起来很不错，但担心需要投入太多时间和精力。在我的工作中，我总是对项目的时间进行估计。这是了解全局的一个好办法。为了减轻你的疑虑，我计算了每年充分支持和评价教师所需的时间。

乔恩：校长

乔恩认为有一个原则最需要关注：提供适宜的指导和资源。新的幼儿园到三年级计划让每个人都感到困惑。他设定了三个目标：（1）深度了解自己的计划；（2）每两周举行一次员工会议，让所有教师都可以在同一个房间里分享想法并获得同样的信息；（3）把这个话题列在议程上，这样他就可以和教师讨论幼儿园到三年级一贯制学校的意义。

莫妮克：教育协调人兼教练

莫妮克和她的管理团队开会。他们希望她着重关注促进专业能力发展这一原则。他们希望她作为机构的内部教练，主要关注早期读写和数学。他们同意聘请一名兼职替补教师来释放莫妮克的时间，使她可以提供训练。她将每两周走访一遍每个课堂，并在观察后的45分钟内与每位教师开观察后的会议。

预估教育领导者的全职工作每年为2000小时，我们可以计算出，177小时约为教育领导者全年工时的9%。237小时（包括对个别教师的额外支持）不到教育领导者全年工时的12%。领导者大约90%的时间用于其他职责。拥有10位以上教师的教育领导者可以分派出去部分任务，或提供强度较少的支持。

让教师感觉受到良好评价、得到了支持的环境标准是：混乱程度低，冲突少，工作效率高，质量高。这种环境可以使教师更快乐，更能提高教学技能。反过来，幼儿们来中心或学校也可以学到他们该学的内容。建立教师评价和支持系统的时间投入是非常有价值的，这将使你的工作更加容易。

反思的问题

1. 回顾第1章与指导原则有关的自我评价和教师观察笔记。哪一项原则在"总是/经常"项里？哪一项原则在"有时/从不"项里？你如何从中获知机构中评价与支持的优先级？

2. 评价和支持教师的障碍是什么？机会是什么？列出每一项。你如何利用机会克服障碍？

评价和支持中心或学校 10 位教师的年度用时估算

行为类型	任 务	活动用时	10 位教师总耗时
对评价和支持教师的计划进行设计及维护		8 小时	8 小时
团体支持	每隔一周团体成员会面一次	准备：半小时 会面：半小时	1 小时 ×26 周 26 小时
单个教师评价	评价	观察：2 小时 调查信息收集：1 小时 数据回顾：1 小时 与教师开会：2 小时	6 小时 ×10 位教师 60 小时
个别教师支持	评价后的跟进回顾	跟进观察：半小时 观察后会议：半小时	1 小时 ×4 次 ×10 位教师 40 小时
个别教师支持		口头或书面肯定：5 分钟	5 分钟 ×52 周 ×10 位教师 43 小时
总计			**177 小时**
个别教师额外支持	培训或咨询	额外观察：半小时 额外观察后的会议：半小时	1 小时 ×6 次 ×10 位教师 60 小时
共计			**237 小时**

结 论

　　早期教育领域的质量目标是明确的：我们希望孩子们安全并且每天都能学习，我们希望教师拥有良好的技能并且每天都能获得支持。为了达到目标，我们必须将教育质量可视化。我们必须看清教育质量的概况，从而有效应用相应的策略。

　　良好的质量不仅仅是色彩艳丽的教学环境和穿着整齐的教师，不仅仅是有营养的零食和规范化的换尿布程序，不仅仅是偶然的、没有后续跟进的教师专业发展。仅仅通过为不知所措的教师们提供与他们日常工作不相关的新举措和资助并不能有效提高早期教育的质量。

　　我们知道什么是质量，教学和学习的标准已经建立，我们必须持续使用这些标准，使它们在班级里发挥作用，而不是凭空等待虚幻的解决方案。质量资源应该被不断使用直至消耗殆尽，但是我经常看到这些资源被遗弃并堆放在领导们的办公室里。教学质量是我们首先关注的重点，我们在与教师一起工作时需要保持着关心和同情。我同意斯泰西·戈芬（Stacie Goffin 2013）这样的早期教育思想领袖，他们认为，我们必须组织我们的思想和行动，使我们有一个团结的实践共同体。我们需要鼓足勇气去对质量负责。

　　希望还是很大的。作为教育领导者，我们拥有更光明的未来，我们必须凝聚共识，相信质量可以改善，并且我们可以做到。在中心管理层面，我们要建立良好的招聘制度、持续评价制度、专业发展制度、监督和培训制度，使教师发挥最好的专业水平。在政策层面上，我们要一直努力为我们的教师创造更好的条件。政策是长远目标，中心管理层面的改进是当务之急，需从当下开始。

在我职业生涯早期，我的一位老板指示我"摆脱"一位教师。当我问这是什么意思时，他解释说："就是让她放任自流。"他认为，如果我们撤回一切形式的支持，这位教师一定会失败，这样就很容易被解雇。当我从这样一个公然不道德的指令的震惊中恢复过来，我坚信相反的做法会是更好的选择。通过适当的评价、反馈和支持，教师能够获得成功。所以，我开始证明自己的观点。我的观点得到了验证，她的技能和行为得到了提升，她能够在多年后有尊严地退休。当我分析这一切是如何发生的时候，我发现我的计划中包含了这本书中一直在讨论的最佳策略。多年来，我看到这些策略一直在发挥作用，所以我鼓励你也尝试一下，祝你成功。

附录:
可复制的表格

1. 观察:对教师的评价与支持做得怎么样?

2. 自我评价:您对教师的评价与支持做得怎么样?

3. 每周交流表

4. 教学行为质量评价检核表

5. 教学结果质量评价检核表

6. 专业行为质量评价检核表

7. 家庭调查表

8. 同事调查表

9. 绩效考核总结和计划

10. 培训后调查

11. 训练计划

12. 导师协议

13. 新聘教师入职登记表

14. 工作满意度调查问卷

这些可复制的表格也可以在 www.redleafpress.org 网站查阅。要下载可复制的表格,只需浏览 "Evaluating and Supporting Early Childhood Teachers Product Page" 并单击 Web 组件选项卡。

1.观察：对教师的评价与支持做得怎么样？

阅读以下表述，然后对老师们日常互动中的一言一行进行为期一周的观察，在每项陈述中选择适宜的选项（"总是""经常""有时""从不"），以正确描述教师的互动。

在我的机构中，教师们……	总是	经常	有时	从不
创造工作者关爱共同体				
1. 每天互相打招呼。	☐	☐	☐	☐
2. 微笑并给予积极的反馈。	☐	☐	☐	☐
3. 互相帮助解决个人的和专业上的问题。	☐	☐	☐	☐
4. 互相倾听。	☐	☐	☐	☐
促进专业能力发展				
5. 将专业发展中获得的新知识整合到原有经验中。	☐	☐	☐	☐
6. 知道如何评估、分析儿童的学习。	☐	☐	☐	☐
7. 清楚自己的教学效果。	☐	☐	☐	☐
8. 有组织、有目的地进行计划。	☐	☐	☐	☐
提供适宜的指导和资源				
9. 了解所在机构对质量的要求。	☐	☐	☐	☐
10. 理解并能明确表达所在机构的期望和目标。	☐	☐	☐	☐
11. 基于机构目标做出合理的教育选择。	☐	☐	☐	☐
评价专业技能和成长				
12. 评价自己的教学。	☐	☐	☐	☐
13. 探索、尝试新想法并进行评价。	☐	☐	☐	☐
14. 互相合作、鼓励，分享空间、材料和想法。	☐	☐	☐	☐
促进在学前教育领域的参与				
15. 互相指导。	☐	☐	☐	☐
16. 与早期教育专业团体保持联系。	☐	☐	☐	☐
17. 与同事分享他们的专业兴趣和热情。	☐	☐	☐	☐

2. 自我评价：您对教师的评价与支持做得怎么样?

阅读以下表述，然后反思您的日常互动。在每项陈述中选择适宜的选项（"总是""经常""有时""从不"），以正确描述您的互动。

在我的机构中，我……	总是	经常	有时	从不
创造工作者关爱共同体				
1. 每天和老师们打招呼并给予积极的反馈。	☐	☐	☐	☐
2. 微笑，在和儿童、家长、同事共事时充满热情。	☐	☐	☐	☐
3. 为个人的和专业上的问题提供支持与帮助。	☐	☐	☐	☐
4. 帮助解决问题。	☐	☐	☐	☐
5. 倾听。	☐	☐	☐	☐
促进专业能力发展				
6. 对老师们的表现给予有针对性的肯定。	☐	☐	☐	☐
7. 当教学进展良好时给予反馈。	☐	☐	☐	☐
8. 当教学进展不顺时给予反馈。	☐	☐	☐	☐
9. 为集体和个人提供专业发展。	☐	☐	☐	☐
提供适宜的指导和资源				
10. 以多种方式沟通，明晰方向和目标。	☐	☐	☐	☐
11. 对结果的要求保持一致。	☐	☐	☐	☐
12. 利用反思性提问激发反思性实践。	☐	☐	☐	☐
13. 提供信息和资源。	☐	☐	☐	☐
评价专业技能和成长				
14. 评价课堂质量。	☐	☐	☐	☐
15. 评价教师技能。	☐	☐	☐	☐
16. 为教师技能的发展提供支架。	☐	☐	☐	☐
17. 鼓励教师坚持，即使是在遇到有挑战的工作时。	☐	☐	☐	☐
促进在学前教育领域的参与				
18. 帮助教师与早期教育专业团体保持联系。	☐	☐	☐	☐
19. 积极鼓励教师参与到中心的决策中来。	☐	☐	☐	☐
20. 分享教师的兴趣和热情。	☐	☐	☐	☐

3. 每周交流表

致: _____ 日期: _____

来自: _____ 地点: _____

本周对我有意义的事情或认知:

关注和建议:

我想让你知道的事情:

我需要你帮助的事情:

4. 教学行为质量评价检核表

这个检核表将会帮助你获得关于教学行为的总体框架。它是观察和讨论的工具。回顾这七种教学行为和以下教学行为质量证据。观察你的教师，标出教师多久展现一次教学行为质量。

教师……	总是	有时	从未
1. 创设有效而丰富的班级环境			
◆ 材料具有发展适宜性，且是为学习组织的。	☐	☐	☐
◆ 教室是整洁有序的。	☐	☐	☐
◆ 儿童能够自己接触材料。	☐	☐	☐
2. 进行有效的班级管理			
◆ 班级计划具有发展适宜性，能平衡教师主导和学生主导的活动。	☐	☐	☐
◆ 冲突很少，容易管理。	☐	☐	☐
3. 积极亲近幼儿			
◆ 幼儿们微笑、大笑、交谈、倾听、提问和彼此帮助。	☐	☐	☐
4. 实施由机构或学校主导的课程			
◆ 课程安排、活动和材料反映了所有学习中心的课程（读写区、数学区、科学区、积木区、图书室、感知区、操作区、用餐区、圆圈时间、大组活动和小组活动）。	☐	☐	☐
5. 为所有孩子准备和写下课程计划			
◆ 贴出写下的课程计划。	☐	☐	☐
◆ 活动反映了课程计划。	☐	☐	☐
6. 提供内容丰富的发展适宜性活动			
◆ 幼儿在不同水平上做各种活动。	☐	☐	☐
◆ 幼儿在全天中都能听、说、读、写。	☐	☐	☐
◆ 幼儿通过游戏、探究和实验进行学习。	☐	☐	☐
7. 评价幼儿的学习			
◆ 评价具有发展适宜性。	☐	☐	☐
◆ 评价是通过观察进行的，是用标准化工具完成的。	☐	☐	☐
◆ 收集反映幼儿学习和行为的数据（笔记、照片、工作样本、分数和录像）。	☐	☐	☐

5. 教学结果质量评价检核表

这个检核表将会帮助你获得关于教学结果的总体框架。它是观察和讨论的工具。回顾这五种教学结果和以下教学结果质量证据。观察你的教师，标出教师多久展现一次教学结果质量。

教师……	总是	有时	从未
1. 使用评价计划教学			
◆ 收集的数据被整理进档案袋。	☐	☐	☐
◆ 数据经过分析。	☐	☐	☐
◆ 数据用于改进小组教学和个别教学。	☐	☐	☐
2. 认识幼儿的成长和学习			
◆ 幼儿的成长和学习是可量化的。	☐	☐	☐
3. 有意图地支持幼儿学习			
◆ 幼儿学习。	☐	☐	☐
◆ 幼儿有进步。	☐	☐	☐
4. 与同事分享			
◆ 同事理解幼儿正在学的内容，知道如何支持幼儿。	☐	☐	☐
5. 与家长分享			
◆ 家长理解孩子的学习内容，知道如何支持孩子。	☐	☐	☐

6. 专业行为质量评价检核表

这个检核表将会帮助你获得关于专业行为的总体框架。这是观察和讨论的工具。回顾这七种专业行为和以下专业行为质量证据。观察你的教师，标出教师多久展现一次专业行为质量。

教师……	总是	有时	从未
1. 保持安全性实践			
◆ 照看孩子们时，不使用电话。	☐	☐	☐
◆ 遵守所有健康和安全程序（洗手、为婴儿换尿布、清洁玩具等）。	☐	☐	☐
2. 有规律和稳定的出席率			
◆ 很少缺席。	☐	☐	☐
◆ 缺席时有合理的理由。	☐	☐	☐
3. 与家长有积极的关系			
◆ 家长对与教师的互动感到很满意。	☐	☐	☐
◆ 与家长有不同意见时保持尊重。	☐	☐	☐
◆ 没有和家长产生持续的冲突。	☐	☐	☐
4. 与同事有积极的关系			
◆ 同事对互动很满意。	☐	☐	☐
◆ 与同事有不同意见时保持尊重。	☐	☐	☐
◆ 没有和同事产生持续的冲突。	☐	☐	☐
5. 保持良好的个人仪表			
◆ 衣着、鞋子、指甲适合教学工作（例如，坐在地板和小椅子上；要把幼儿举高；要跟孩子们在外面玩；跟孩子们进行各种活动；为婴儿换尿布）。	☐	☐	☐
6. 保密			
◆ 不讲关于家庭和孩子的流言蜚语。	☐	☐	☐
◆ 不讲关于同事的流言蜚语。	☐	☐	☐
◆ 用保密条款阻止关于他人的流言蜚语。	☐	☐	☐
7. 保持积极的举止			
◆ 语调积极。	☐	☐	☐
◆ 不同意别人的观点时语调和语言是尊重的（例如，没有大声喊叫、跺脚和威胁）。	☐	☐	☐

7. 家庭调查表

亲爱的家庭成员:

　　作为教师评价过程的一部分,我们请求家长提供反馈意见。所有调查都是匿名的,我们将综合所有调查信息后与教师分享结果。请把已完成的调查表放在信封里,并放在总服务台的家长调查表信箱中。谢谢您的参与。

教师姓名: _____ 日期: _____

中心 / 学校: _____

我的孩子的老师……	是	有时	不是	不知道
1. 打扫和布置教室。	☐	☐	☐	☐
2. 能管理好孩子们的行为。	☐	☐	☐	☐
3. 与我的孩子关系融洽。	☐	☐	☐	☐
4. 向我解释课程。	☐	☐	☐	☐
5. 教我的孩子一些社交技能(分享、礼貌、关心等)。	☐	☐	☐	☐
6. 教我的孩子一些学习技能(谈话、阅读、数学、写作等)。	☐	☐	☐	☐
7. 提供好玩、有趣的活动。	☐	☐	☐	☐
8. 评价我孩子的进步并告知我。	☐	☐	☐	☐
9. 和我交流顺畅。	☐	☐	☐	☐
10. 友好,乐于助人。	☐	☐	☐	☐
11. 穿着和行为上很职业。	☐	☐	☐	☐

我还想说……(请在下面写下您的其他评论)

8. 同事调查表

亲爱的同事：

　　作为评估过程的一部分，我们征求你们的反馈。所有调查都是匿名的。我们将综合所有信息后与教师分享结果。谢谢您的参与。

教师姓名：_____　日期：_____

中心 / 学校：_____

我的同事……	是	有时	不是	不知道
1. 打扫和布置教室。	☐	☐	☐	☐
2. 能管理好学生的行为。	☐	☐	☐	☐
3. 和孩子们关系融洽。	☐	☐	☐	☐
4. 解释幼儿中心或学校的课程。	☐	☐	☐	☐
5. 教孩子们一些社交技能（分享、礼貌、关心等）。	☐	☐	☐	☐
6. 教孩子们一些学习技能（谈话、阅读、数学、写作等）。	☐	☐	☐	☐
7. 提供具有发展适宜性的活动。	☐	☐	☐	☐
8. 评价孩子的进步，并与同事讨论这些数据。	☐	☐	☐	☐
9. 与我沟通良好。	☐	☐	☐	☐
10. 友好，乐于助人。	☐	☐	☐	☐
11. 穿着和行为上很职业。	☐	☐	☐	☐

我还想说……（请在下面写下您的其他评论）

9. 绩效考核总结和计划

姓名： _____ 日期： _____

我们已经回顾了教师三个方面的表现：教学行为、教学结果、专业行为。

任务（标出每个教学领域，使用检核表）：

发展领域（教师需要做什么才能提高专业性）：

作为会议结果的计划（SMART 目标，可能涉及一个或多个评价领域）：

    1.

    2.

    3.

教师的责任和时间表：

管理者的责任和时间表：

后续会议：

10. 培训后调查

姓名： _____ 日期： _____

主题：

我刚学到的、想运用在课堂上的两项内容（知识或技能）：

    1.

    2.

我需要努力实现的三项内容：

    1.

    2.

    3.

我想要在以下某个时间点回顾这些想法并制订好计划：

☐下周之内   ☐一个月之内   ☐三个月之内

11. 训练计划

即将观察的活动：

观察工具（如儿童数据、视频、观察笔记、计分等）：

最终目标：

对观察内容和计分的客观描述（如果条件允许）：

对观察结果的分析：

发生了什么事？这对孩子们的学习而言意味着什么？

接下来需要继续怎么做？

需要做出什么改变？

对分析结果进行反思后应制定的新目标：

我们渴望得到什么结果？

将会发生什么？

会在什么时候发生？

下次观察的日期：

下次观察后讨论会的日期：

12. 导师协议

导师：   日期：

学员：

会议及联络安排：

   时间：

   地点：

   形式：

协作的基本规则：

   1.

   2.

   3.

主要工作目标（不超过三个）：

   1.

   2.

成果：

签名：

_____ _____

   导师   学员

13. 新聘教师入职登记表

欢迎您的到来，很高兴您加入我们的大家庭。请回答如下几个简单的问题，让我们更快地认识一下您吧。

我的强项是：

我想在如下方面了解更多：

我喜欢的交流方式（选择两种最喜欢的）：

☐电子邮件   ☐电子文本   ☐书面提示

☐公告板   ☐私下交流

在我的工作中重要的两件事：

工作之余，我喜欢：

14. 工作满意度调查问卷

亲爱的老师：

我想了解一下咱们团队现在的工作状况。时不时放慢脚步，回顾一下我们的合作时光是非常重要的。下面有 10 个问题，请根据自己的情况进行选择。我会把结果汇总，在下次的周会上跟大家进行分享。感谢您的分享！

	经常	通常	有时	很少	从不
1. 我对我的工作很满意。	☐	☐	☐	☐	☐
2. 工作会议很有用。	☐	☐	☐	☐	☐
3. 我觉得自己很受尊重。	☐	☐	☐	☐	☐
4. 我得到了工作上需要的帮助。	☐	☐	☐	☐	☐
5. 大多数时间我的工作很有意思。	☐	☐	☐	☐	☐
6. 我觉得自己能胜任工作。	☐	☐	☐	☐	☐
7. 我们是一个很棒的团队。	☐	☐	☐	☐	☐
8. 我很清楚对幼儿的培养目标。	☐	☐	☐	☐	☐
9. 我经常会听到流言蜚语。	☐	☐	☐	☐	☐
10. 我能掌控我的日常工作。	☐	☐	☐	☐	☐

我希望得到更多的……（请完成这个句子）。

我希望……**的情况越来越少**（请完成这个句子）。

参考文献

Barnett, W. Steven. 2011. "Minimum Requirements for Preschool Teacher Educational Qualifications." In *The Pre-K Debates: Current Controversies and Issues*, edited by Edward Zigler, Walter S. Gilliam, and W. Steven Barnett, 48–53. Baltimore: Paul H. Brookes.

Bowman, B. T. 2011. "Bachelor's Degrees Are Necessary but Not Sufficient: Preparing Teachers to Teach Young Children." In *The Pre-K Debates: Current Controversies and Issues*, edited by Edward Zigler, Walter S. Gilliam, and W. Steven Barnett, 54–56. Baltimore: Paul H. Brookes.

Burchinal, Margaret, Marilou Hyson, and Martha Zaslow. 2011. "Competencies and Credentials for Early Childhood Educators: What Do We Know and What Do We Need to Know?" In *The Pre-K Debates: Current Controversies and Issues*, edited by Edward Zigler, Walter S. Gilliam, and W. Steven Barnett, 73–76. Baltimore: Paul H. Brookes.

Center for the Child Care Workforce. 2002. *Inside the Pre-K Classroom: A Study of Staffing and Stability in State-Funded Prekindergarten Programs*. Washington,DC: Center for the Child Care Workforce.

Child Care Aware of America. 2013. *Child Care Aware of America: 2013 State Fact Sheets*. Arlington, VA: Child Care Aware of America.

Copple, Carol, and Sue Bredekamp, eds. 2009. *Developmentally Appropriate Practice in Early Childhood Programs Serving Children from Birth through Age 8*. 3rd ed. Washington, DC: NAEYC.

Copple, Carol, Sue Bredekamp, and Janet Gonzalez-Mena. 2011. *Basics of*

Developmentally Appropriate Practice: An Introduction for Teachers of Infants and Toddlers. Washington, DC: NAEYC.

Fives, Helenrose, and Michelle M. Buehl. 2010. "Motivation and Social Processes: Examining the Factor Structure of the Teachers' Sense of Efficacy Scale." *The Journal of Experimental Education* 78:118–34.

Fuller, Bruce. 2011. "College Credentials and Caring: How Teacher Training Could Lift Young Children." In *The Pre-K Debates: Current Controversies and Issues*, edited by Edward Zigler, Walter S. Gilliam, and W. Steven Barnett, 57–63. Baltimore: Paul H. Brookes.

Glickman, Carl D. 2002. *Leadership for Learning: How to Help Teachers Succeed.* Alexandria, VA: Association for Supervision and Curriculum Development.

Goffin, Stacie G. 2013. *Early Childhood Education for a New Era: Leading for Our Profession.* New York: Teachers College Press.

Harms, Thelma, Richard M. Clifford, and Debby Cryer. 2005. *Early Childhood Environment Rating Scale.* Rev. ed. New York: Teachers College Press.

Kagan, Sharon Lynn, and Rebecca E. Gomez. 2011. "B. A. Plus: Reconciling Reality and Reach." In *The Pre-K Debates: Current Controversies and Issues*, edited by Edward Zigler, Walter S. Gilliam, and W. Steven Barnett, 68–73. Baltimore: Paul H. Brookes.

Kauerz, Kristie. 2006. *Ladders of Learning: Fighting Fade-Out by Advancing PK–3 Alignment.* Issue Brief. Washington, DC: New America Foundation.

Kauerz, Kristie. 2010. *PreK–3rd: Putting Full-Day Kindergarten in the Middle.* Policy to Action Brief, No. 4. New York: Foundation for Child Development.

Korjenevitch, Maria, and Rachel Dunifon. 2010. *Child Care Center Quality and Child Development.* Cornell University Extension Project. Ithaca, NY: Cornell University.

Lutton, A., ed. 2012. *Advancing the Early Childhood Profession: NAEYC Standards and Guidelines for Professional Development.* Washington, DC: NAEYC.

McAfee, Oralie, Deborah J. Leong, and Elena Bodrova. 2004. *Basics of Assessment: Primer on Early Childhood Assessment.* Washington, DC: NAEYC.

MnAEYC (Minnesota Association for the Education of Young Children). 2004. *Minnesota Core Competencies for Early Childhood Education and Care Practitioners*. St. Paul, MN: MnAEYC.

Mooney, Carol Garhart. 2012. *Swinging Pendulums: Cautionary Tales for Early Childhood Education*. St. Paul, MN: Redleaf Press.

Morris, David. 2013. "Bill Gates Imposes Microsoft Model on School Reform: Only to Have the Company Junk It After It Failed." Accessed November 26, 2013 from www.alternet.org/education/billionaire-bill-gates-and-his-army-reformers-terrible-idea-bringing-ruthless-corporate.

NAESP (National Association of Elementary School Principals). 2005. *Leading Early Childhood Learning Communities: What Principals Should Know and Be Able to Do*. Executive summary. Alexandria, VA: National Association of Elementary Principals.

NAEYC (National Association for the Education of Young Children). 2009. *Developmentally Appropriate Practice in Early Childhood Programs Serving Children from Birth to Age 8*. Position statement. Washington, DC: NAEYC.

NAEYC (National Association for the Education of Young Children). 2011a. *NAEYC Code of Ethical Conduct: Supplement for Early Childhood Program Administrators*. Washington, DC: NAEYC.

NAEYC (National Association for the Education of Young Children). 2011b. *NAEYC Code of Ethical Conduct and Statement of Commitment*. Washington, DC: NAEYC.

NBPTS (National Board for Professional Teaching Standards). 2012. *Early Childhood Generalists Standards*. 3rd ed. Arlington, VA: NBPTS.

Pianta, Robert C. 2011. "A Degree Is Not Enough: Teachers Need Stronger and More Individualized Professional Development Supports to Be Effective in the Classroom." In *The Pre-K Debates: Current Controversies and Issues*, edited by Edward Zigler, Walter S. Gilliam, and W. Steven Barnett, 64–68. Baltimore: Paul H. Brookes.

Porter, Andrew, Jennifer McMaken, Jun Hwang, and Rui Yang. 2011. "Common Core

Standards: The New U.S. Intended Curriculum." *Educational Researcher* 40 (3): 103–16.

Protheroe, Nancy. 2008. "Teacher Efficacy: What Is It and Does It Matter?"*Principal*, May/June, 42–45.

Reagan, Timothy G., Charles W. Case, and John. W. Brubacher. 2000. *Becoming a Reflective Educator. How to Build a Culture of Inquiry in the Schools.* 2nd ed. Thousand Oaks, CA: Corwin Press.

Ritchie, Sharon, and Laura Gutmann, eds. 2014. *First School: Transforming Pre- K–3rd Grade for African American, Latino, and Low-Income Children.* New York: Teachers College Press.

Sabol, Terri J., S. L. Soliday Hong, R. C. Pianta, and M. R. Burchinal. 2013. "Can Rating Pre-K Programs Predict Children's Learning?" *Science* 341(August): 845–6. www.sciencemag.org/content/341/6148/845.summary.

Sanders, William, and June C. Rivers. 1996. "Cumulative and Residual Effects of Teachers on Future Student Academic Success." University of Tennessee Value-Added Research and Assessment Center. Research Progress Report, November.

Schmoker, Mike. 2006. *Results Now: How We Can Achieve Unprecedented Improvements in Teaching and Learning.* Alexandria, VA: Association for Supervision and Curriculum Development.

Schweikert, Gigi. 2012. *Winning Ways for Early Childhood Professionals: Being a Professional.* St. Paul, MN: Redleaf Press.

Shareef, Intisar, and Janet Gonzalez-Mena. 2008. *Practice in Building Bridges. Companion Resource to Diversity in Early Care and Education.* 5th ed. Washington, DC: NAEYC.

Stronge, James H. 2007. *Qualities of Effective Teachers.* 2nd ed. Alexandria, VA:Association for Supervision and Curriculum Development.

Talan, Teri N., and Paula Jorde Bloom. 2004. *Program Administration Scale:Measuring Early Childhood Leadership and Management.* New York: Teachers College Press.

Tucker, Pamela D., and James H. Stronge. 2005. *Linking Teacher Evaluation and*

Student Learning. Alexandria, VA: Association for Supervision and Curriculum Development.

US Bureau of Labor Statistics. 2014a. "Childcare Workers." *Occupational Outlook Handbook: 2014–15 Edition*. Washington, DC: US Department of Labor. www.bls. gov/ooh/personal-care-and-service/childcare-workers.htm.

US Bureau of Labor Statistics. 2014b. "Preschool Teachers." *Occupational Outlook Handbook: 2014–15 Edition*. Washington, DC: US Department of Labor. www.bls. gov/ooh/education-training-and-library/preschool teachers.htm.

US Department of Education. 2009. *Race to the Top Program*. Executive summary. Washington, DC: US Department of Education.

Zaslow, Martha. 2011. "The Prekindergarten Debates: Contrasting Perspectives, Integrative Possibilities, and Potential for Deepening the Debates."In *The Pre-K Debates: Current Controversies and Issues*, edited by Edward Zigler, Walter S. Gilliam, and W. Steven Barnett, 73–76. Baltimore: Paul H. Brookes.

Zellman, G. L., Lynn A. Karoly. (2012) *Moving to Outcomes, Approaches to Incorporating Child Assessments into State Early Childhood Quality Rating and Improvement Systems*. RAND Corporation, Occasional Paper, retrieved September 1, 2014 from www.rand.org/content/dam/rand/pubs/occasional_papers/2012/RAND_OP364. sum.pdf